AF223114

Berlin, Savignyplatz

Zur Erinnerung an Axel, einen liebenswerten Freund

Hans Dieter Eheim

Berlin, Savignyplatz
Leben im Zwiebelfisch

Illustrationen von Wilfried Richter. Morstein

Bibliografische Information der Deutschen Nationalbibliothek
Die Deutsche Nationalbibliothek verzeichnet diese Publikation in der Deutschen Nationalbibliografie; detaillierte bibliografische Daten sind im Internet über http://dnb.d-nb.de abrufbar.

Die automatisierte Analyse des Werkes, um daraus Informationen insbesondere über Muster, Trends und Korrelationen gemäß §44b UrhG (»Text und Data Mining«) zu gewinnen, ist untersagt.

© 2024 Hans Dieter Eheim
Anmerkung des Autors: Zum Schutze des Persönlichkeitsrechtes wurden einige Namen im Buch geändert.

Satz, Umschlaggestaltung und Verlag: BoD · Books on Demand GmbH, In de Tarpen 42, 22848 Norderstedt
Druck: Libri Plureos GmbH, Friedensallee 273, 22763 Hamburg

ISBN: 978-3-7597-5587-2

INHALT

VORWORT

Seit seiner Eröffnung in den ersten Novembertagen 1967 hat der Zwiebelfisch am Savignyplatz in Berlin-Charlottenburg wechselhafte Zeiten mit mehreren Pächtern erlebt. Es kamen Schriftsteller und Architekten, Journalisten und Schauspieler, Bildhauer und Maler. Als Treffpunkt der links-intellektuellen Szene Berlins wurde dieser Ort schon bald zur Legende.

Im Spätsommer 1982 übernahm ein neuer Wirt das Lokal, und er prägte es auf eine ganz eigene, unverwechselbare Weise. Es wurde zu einer Kiezkneipe für alle sozialen Schichten. Ein »erzählender Ort« mit reicher Geschichte und vielen Geschichten, die seine Legende immer wieder mit neuem Leben erfüllten. Ein Ort, der die Vielfalt der Menschen einer Großstadt zum Ereignis werden lässt.

Im Januar 1995 habe ich den Zwiebelfisch für mich entdeckt und bin für einige Jahre geblieben. Geboren und aufgewachsen in einem Dorf in Süddeutschland, beeindruckte mich von Anfang an, dass ich selbst von einer Kneipe aus – inmitten der Millionenstadt Berlin gelegen – den Wandel der Natur erleben konnte. So beobachtete ich durch ihre breite Glasfront nicht nur das Treiben auf dem Savignyplatz, sondern auch die unterschiedlichen Jahreszeiten. Letztlich waren es aber doch die Gäste des Zwiebelfischs, die mich zunehmend gefangen nahmen: ein faszinierender Mikrokosmos

Meine Eindrücke habe ich in vielen Skizzen festgehalten. Daraus sind Geschichten von jungen und alten Menschen entstanden. Von Paaren und Einzelgängern; von Einsamen und Familien mit Kindern; von Obdachlosen, Managern im Nadelstreifen und Arbeitern im Drillich; von Künstlern und Wissenschaftlern, Literaten und Journalisten; von Zeitungslesern und Tavlispielern; von Tagträumern und Nachtschwärmern. Ich erzähle von denkwürdigen Festen und von der Geschichte dieser außergewöhnlichen Kneipe.

Zahllose Abendstunden, manche Nächte, oft auch den frühen Morgen habe ich im Zwiebelfisch verbracht. Ich erlebte eine Zeit der Annäherung an einen Ort und seine Besucher, die mir zuvor fremd gewesen waren. Distanz und Schemenhaftigkeit wichen einer wachsenden Nähe. Die Gäste verloren ihre Anonymität, sie wurden mir über die Jahre vertraut.

PROLOG

OKTOBER 1989 – JANUAR 1995

Im Herbst 1989 besuchte ich gelegentlich das Café Stresemann am Anhalter Bahnhof, nahe der Berliner Mauer. Gelegen an einem Platz, der für mich die Zerstörung und die vielfältigen Brüche dieser Stadt besonders sichtbar macht. Ich schätzte das Café vor allem wegen seiner Gäste, mit denen ich interessante Gespräche über unterschiedlichste Themen – insbesondere über die sich abzeichnende dramatische Entwicklung in Ostberlin – führen konnte. Und ich liebte es wegen seiner Art-Deco-Einrichtung, den dunkel getäfelten Wänden, den kleinen Marmortischen und der sich elegant zur Galerie emporschwingenden Holztreppe. Wenn ich meine Blicke schweifen ließ, entstanden unwillkürlich nostalgische Gedanken und Gefühle, die mich in eine längst vergangene Zeit entführten.

Damals lernte ich auch das Café Bleibtreu in der Nähe des Kurfürstendamms kennen, das mir Freunde empfohlen hatten. Sehenswert das Altberliner Büffet und Lampen im Stil des Historismus. An den Wänden Poster berühmter Schauspieler, darunter eines mit Charlie Chaplin in »The Tramp«, das ich besonders liebte und immer wieder anschaute. Ein Lokal mit einer einladenden Atmosphäre, in dem ich mich schon bald heimisch fühlte.

Ich traf Gäste an, die vom Tag, vom Alter, vom Leben eben gezeichnet waren. Und doch waren sie »anders« als die im Café Stresemann, sie unterschieden sich deutlich voneinander. Ich fragte mich: Hat jedes Café, jede Kneipe ein eigenes, unverwechselbares Gesicht – mit jeweils anderen Menschen?

Das Café Bleibtreu wurde für mich ein Ort der Ruhe, des

Lesens und Schreibens. Nachdem es Ende 1994 vorübergehend geschlossen wurde, begab ich mich, wie andere Gäste, auf die Suche nach einer neuen Bleibe.

An einem grauen Januartag des nächsten Jahres ging ich über den Savignyplatz, genannt nach Friedrich Carl Savigny, einem bedeutenden Berliner Rechtsgelehrten und Minister im 19. Jahrhundert. Zunächst als »Rasenschmuckplatz« angelegt, wurde er in den 1920er Jahren von dem Stadtgartendirektor von Groß-Berlin Erwin Barth als »regelmäßiger Erholungs- und Gartenplatz« für Berliner Bürger weitergestaltet. Eine Anlage mit Rabatten und »Lauben«, die Atmosphäre eines »Hausgartens« schaffend. Nach ihrer Zerstörung während des 2. Weltkrieges wurde sie anlässlich der 750-Jahr-Feier der Stadt Berlin weitgehend originalgetreu rekonstruiert.

Ergänzt durch schwarzweiße Fotoaufnahmen aus den 1920er Jahren las ich all dies auf einer Tafel vor dem nördlichen Teil des Platzes. Ich betrachtete die beiden Plastiken »Knabe mit Ziege« von August Kraus und ließ die Gestaltung der gesamten Anlage auf mich wirken. Ging vorbei am »Diener Tattersall«, »Café Hegel« und »Dicke Wirtin« – Lokale mit klangvollen Namen und langer Geschichte, die ich bereits kannte. An einem Haus entdeckte ich ein Schild, auf dem »Zwiebelfisch« geschrieben stand. Während ich durch eine breite Glasfront hineinschaute, erinnerte ich mich an eine vor einigen Jahren davor erlebte Szene, die auf mich geradezu archaisch wirkte ...

Im Licht der tief stehenden Sonne sah ich schwarz gekleidete Frauen und Männer, die an einfachen Holztischen auf dem Bürgersteig saßen. Sie tranken Bier und Wein. Sie lachten und tanzten. Leben wollten sie, auch wenn sie trauerten und weinten.

Der Anblick der Frauen und Männer, die vermutlich vom Begräbnis eines Freundes gekommen waren, berührte mich. Und ein Wunsch war in mir erwacht: Dieses Lokal wollte ich bald einmal näher kennenlernen. Wollte erfahren, ob ich mich hier wohlfühlen könnte, hier Menschen treffen würde, die offen für ein Gespräch sind. Deren Gesichter und Stimmen mir mit der Zeit vertraut werden würden. Die das Leben genießen, mit einem Glas Wein in der Hand.

Noch erfüllt von meinen Erinnerungen, betrat ich nun einige Jahre später den Zwiebelfisch. Ich setzte mich in die Ecke eines Raums, der sich zu einem Tresen mit Barhockern öffnete. Gelegentlich trafen mich skeptische Blicke, die zu fragen schienen: Was will der hier? Solch eine Art von »Begrüßung« hatte ich nicht erwartet und fragte mich unwillkürlich, warum ich gekommen war. Hoffte ich, Nähe und Wärme zu finden? Hoffte ich »anzukommen«? Ein Gefühl, das für mich immer sehr wichtig war.

Noch auf der Suche nach einer Antwort fiel mir ein Mann mit kahlem Kopf und fett glänzender Haut auf. Auffallender noch war die Art und Weise, wie er die in rascher Folge vor sich ausgebreiteten Zeitungen las. Begierig las er, schier unbegrenzt schien sein Aufnahmevermögen der Nachrichtenflut. Zugleich schien dem unablässig Lesenden nichts von dem zu entgehen, was um ihn herum geschah.

Auf einmal wurde es still. Keine laute Musik mehr, die mich empfangen hatte. Unwillkürlich dachte ich an das Café Bleibtreu, an jenen anderen, während der letzten Jahre für mich wichtigen Ort. Dort hatte ich Musik gehört, die mir seit langem vertraut war: Lieder von Donovan, Emerson, Lake & Palmer, den Beatles und Rolling Stones. Lieder, die ich liebte, die mich oft hatten träumen lassen.

Mitten hinein in die Stille hörte ich das Klacken von Steinen. Junge Männer saßen an einem großen runden Tisch beim Tavli, einem Brettspiel, das in Griechenland, der Türkei und dem Vorderen Orient weit verbreitet ist. Spieler voller Hingabe und Leidenschaft, so wie ich sie auch im Café Bleibtreu angetroffen hatte. Dennoch nahm ich sie in anderer Weise wahr: Dort war es das oft rücksichtslos wirkende Knallen der Karten auf den Tresen, hier der leise, behutsame Klang der Steine auf dem Holzbrett. Mir scheint, dass dabei unterschiedliche Gefühle zum Ausdruck kommen.

Ich schaute mich um. Viele Plakate an den Wänden, auch mehrere alte, zum Teil vergilbte Fotos. Ein Mann, der hinter dem

Tresen arbeitete. In weißem Hemd, mit dunkelblondem, leicht gewelltem Haar und dünnem Bart. Das Hemd weit geöffnet, ein goldenes Kreuz auf der Brust. Ich ahnte, dass wir uns schon bald wiedersehen würden.

EINEN MONAT SPÄTER –
WAS SUCHE ICH HIER?

23.2.1995

Die Luft ist klar, mit einem leichten, kaum spürbaren Hauch nahender Vorfrühlingstage, die für mich einen ganz eigenen Reiz besitzen. Nach meinem ersten Besuch im Januar bin ich wieder im Zwiebelfisch. Die Gäste rauchen mit einer Hingabe, die mich an Sucht und Einsamkeit denken lässt. Musik aus Lautsprechern, die von der Decke herabhängen, verbreitet eine angenehme Stimmung. Zu meiner Freude höre ich Lieder aus den späten 1960er Jahren. Sie wecken in mir Erinnerungen an eine Zeit des Aufbruchs und der Hoffnung einer ganzen Generation.

Ich sehe in Gesichter, die von jener Zeit geprägt sind. In Augen hinter modischen Brillen, deren Ausdruck ich verstehen möchte. Aber sie weichen aus, halten meinem Blick nicht stand. Vielleicht wollen sie es auch gar nicht. Und noch immer finde ich keine überzeugende Antwort auf die Frage, was ich hier suche. Doch ich spüre, dass ich auf dem Weg bin, »anzukommen«.

FASCHINGSDIENSTAG IM ZWIEBELFISCH

28.2.1995

Der Tag ist stürmisch, voller Regen und Schnee. Mit gesenkten Köpfen und weit über die Gesichter herabgezogenen Mützen versuchen die vorbeieilenden Fußgänger, sich vor dem Wind zu schützen. In den Bussen drängeln sie sich mit zerzausten Haaren und winterblassen Gesichtern. Es riecht nach feuchter Kleidung.

Faschingsdienstag in Berlin, und ich sitze an einem kleinen, runden Tisch direkt neben der Eingangstür des Zwiebelfischs. Die Anwesenden wirken seltsam angestrengt und leicht gereizt. Während ich mir ein paar Notizen mache, kommt mir das in Süddeutschland gelegene hohenlohische Dorf meiner Kindheit in den Sinn...

Mit leiser Wehmut denke ich an jene Tage im späten Winter, wenn ein lauer Wind als Vorbote des Frühlings die Dorfstraße entlang wehte und sich Staub vor die geschlossenen Fenster legte. Der Himmel in sanftem Blau. Die Bäume noch schwarz, ohne Leben. Doch die Büsche bereits mit einem Schleier zarten Grüns.

Erinnerungen an jene Februartage werden in mir wach. Mit geschlossenen Augen fühle ich ihr Licht, glaube, den Geruch von frischer Erde, von kaum erst geschmolzenem Schnee einzuatmen. Ich glaube, Winterlinge und Schneeglöckchen vor mir zu sehen, die sich Teppichen gleich über den elterlichen Garten ausgebreitet hatten. Blütenteppiche, die bei Nacht leuchteten, als ob weiße Feuer entzündet worden wären.

Es war eine Zeit des Abschieds und Aufbruchs. Kinder mit rotbemalten Nasen tobten durchs Dorf. Bunte Indianerfedern und Papphüte über das struppige, kurz geschorene Haar gestülpt. Die unverzichtbare Pistole zwischen den Fingern, wild davonrennend, als ob der Faschingsteufel hinter ihnen her wäre. Eine Zeit, die erfüllt war von unbeschwerter Fröhlichkeit.

Es sind wehmütige Erinnerungen an mein Dorf. An einem Faschingsdienstag im Zwiebelfisch. Schweigsame Gäste. Kein Klacken der Steine auf dem Tavlibrett. Keine Köpfe, die tief in ihre Zeitungen eintauchen. Heute wirkt alles anders, unbestimmter, offener auf mich als sonst. Irgendwie abwartend.

Könnte es sein, dass Besucher nur auf das Ende dieses Tages warten, der für die meisten ein Tag wie jeder andere ist? Um am Morgen danach zu »normalem« Leben zurückzukehren. Das heißt, ganz einfach so weiterzuleben, wie in den Tagen, Wochen und Monaten zuvor.

TAVLISPIELER UND DAS KNEIPENTEAM

1.3.1995

Raue Winde in der zurückliegenden Nacht. Dann zunehmende Wärme an diesem lichtlosen Aschermittwoch. Sanft und einhüllend wie der Abendwind, der mich auf dem Weg zum Savignyplatz begleitet hat.

Beim Betreten des Zwiebelfischs höre ich den unverwechselbaren Klang aneinanderschlagender Steine, wie bei meinem ersten Besuch im Januar. Männer mittleren Alters sitzen an dem großen, runden Tisch beim Tavlispiel. Zunächst etwas zögernd, dann zunehmend schnell und zupackend werden ihre Handbewegungen. Angespannt ihre Gesichter. Ihre Augen gebannt auf die Steine gerichtet. Ich fühle das Wachsen einer verschworenen Gemeinschaft.

Heute erlebe ich auch eine andere Welt: das Kneipenteam. Die jungen Frauen und Männer gehen behutsam, fast liebevoll miteinander um. Dabei singen sie zu Liedern aus amerikanischen Musicals, sind ständig in Bewegung, voller Aufmerksamkeit und Zuwendung für die Gäste. Sie gleichen einer frischen Brise.

Rasch vergehen die letzten Stunden des Aschermittwochs. An den kahlen Lauben zwischen Grolman- und Carmerstraße flattern Luftschlangen aus buntem Papier. Warme Winde wehen die letzten Reste vermeintlicher Karnevalsfröhlichkeit davon.

EIN JUNGES PAAR –
WIEDERSEHEN UND ABSCHIED

20.4.1995

Nach überraschendem Wintereinbruch mit starkem Schneefall in der vergangenen Nacht nun ein kalter, lichterfüllter Nachmittag. Mir gegenüber sitzt ein junges Paar, das französisch miteinander spricht und sich dabei liebevoll ansieht.

Der Mann ist bereits sommerlich leicht gekleidet, mit gelocktem, fast schwarzem Haar. Die Frau noch in dickem Pullover. Mit großen, dunklen Augen und einem Mund, der sinnlich voll und dann wieder aufreizend schmal sein kann. Silberne Ringe an den Händen.

Ihre Arme hat sie um die Schultern des Mannes gelegt. Küsse mit geschlossenen Augen, unterbrochen von zärtlich klingendem Französisch. Welch' ein verführerisches Spiel zwischen den beiden!

Sich eben noch heftig umarmend und küssend, erheben sie sich, hüllen sich in dunkle Mäntel, zahlen und verlassen eilig das Lokal. In der spätwinterlichen Kälte, auf dem Bürgersteig, beginnt ihr Spiel von Neuem: mal wunderbar leicht, dann wieder sehr intensiv, mit großem Ernst.

Erfüllt von Trauer über den offenbar bevorstehenden Abschied, stehen sie sich einige Augenblicke lang wie erstarrt gegenüber. Die leidenschaftliche Umarmung zuvor ein bloßer Traum im Licht des späten Nachmittags? Aber nur kurz währen meine Zweifel. Sie umarmen sich von Neuem, lösen sich voneinander, schauen sich lange an, umarmen sich ein weiteres Mal. Angehalten scheint die Zeit, die jungen Liebenden untrennbar miteinander verbunden. Schließlich lösen sie sich endgültig voneinander. Ein letzter, flüchtiger Blick. Und sie entschwinden in die beginnende Dunkelheit, jeder in eine andere Richtung.

FRÜHLINGSWIND

25.4.1995

In der Stunde vor Sonnenuntergang gleicht das Leben auf dem Savignyplatz einem herrlich-leichten Spiel. Spaziergänger schlendern vorbei und genießen den Frühlingswind. Selbst die alten, graubraunen, regenverwaschenen Fassaden der umliegenden Häuser leuchten im Schein der tief stehenden Sonne.

Das Licht umfängt und wärmt die Menschen, ihre Gesichter, ihre Körper, ihre Seelen. Sie haben sich mit dem wiedergekehrten »neuen« Leben sehr schnell angefreundet. Der Wind streicht behutsam über ihre winterblassen Gesichter, verleiht ihnen eine leichte Rötung. Er verfängt sich in den Stoffen ihrer Kleider. Verführerisch spielt er mit Formen und Farben.

Das Verhalten der Menschen hat sich verändert. Sie gehen wieder aufrechter, ihre Schritte werden beschwingter. Und sie schauen erwartungsvoll um sich. Menschen an diesem ersten Frühlingsabend baden sich im Licht. Sie sind umflutet von Winden aus fernen, südlichen Gefilden. Und sie schlagen ihre Jacken und Mäntel weit auseinander, um ihnen ganz nah zu sein.

EIN OFFENER ABEND

8.5.1995

Frische Luft, gereinigt von den Regengüssen des Nachmittags, strömt durch die geöffnete Tür. Axel vom Zwiebelfischteam, der am liebste Jeans, bunte Hemden und Pullover trägt, ist bei der Arbeit.

In meiner Nähe ein Gast, dessen Aussehen mich beeindruckt. Sein gleichermaßen kraftvoll und edel wirkendes Gesicht mit einem Mund, der sehr viel Willensstärke verrät, lässt mich an Laurence Olivier, den berühmten englischen Shakespeare-Darsteller, denken. Ernst ist sein Blick, mit einem milden Lächeln in den Augenwinkeln. Zugleich signalisierend, dass seine Augen, sein Mund, sein ganzes Gesicht zu einem harten, unerbittlichen Ausdruck fähig sein können.

An dem Tisch direkt links neben dem Tresen liest ein älterer Mann in sommerlich hellem Leinensakko Zeitung. Vor sich eine Tasse mit aufgeschäumtem Kaffee und ein halbvolles Wasserglas. Daneben ein noch leicht dampfender Suppentopf mit geröstetem Brot. Versunken in die Nachrichten, hat er die Hände in das auffallend lange, graue Haar vergraben. Die Brille droht jeden Moment über die Nase zu gleiten. Aber wie von unsichtbarer Hand gehalten, ist sie eingebettet in seine Versunkenheit: in Gelesenes und Gedachtes, nur Gefühltes. Kaum einmal hebt er den Blick von der vor ihm ausgebreiteten Zeitung.

Der Gast mit dem kraftvoll und edel wirkenden Gesicht schaut nach draußen. Seine Blicke wandern über den dunkel werdenden Platz bis zur Carmerstraße hinüber. Sie kehren zögernd in das Licht der Räume zurück. Sie verlassen es erneut, suchen offenbar die Dunkelheit.

Auf einmal blickt er mich direkt an, als ob er mich etwas fragen wollte. Doch er schweigt. Schließlich schaut er, als ob dies ein Ausweg aus seiner Suche wäre, zu dem gedankenverloren lesenden älteren Herrn hinüber, der gerade seine Zeitung beiseitegelegt hat und nun mit beiden Händen die Kaffeetasse umschlossen hält.

SOMMER AM SAVIGNYPLATZ

27.6.1995

Nach grauen, regnerischen Wochen ist der Platz erfüllt von Licht und Wärme. Klezmermusik dringt aus der weitgeöffneten Glasfront des Zwiebelfischs, reicht mit ihren schwermütigen Klängen bis zu den angrenzenden Straßen. Im Widerschein der untergehenden Sonne werden Farben aller Schattierungen sichtbar.

Axel in leichter Kleidung. Mit Hilfe von Bierdeckeln und flachen Steinen versucht er, einen wackligen Tisch auf dem Bürgersteig zu stabilisieren – ein Meister der Improvisation. Ab und zu schaut er mit einem fragenden Blick zu mir herein.

Ein weicher Wind streicht um Linden und Ahornbäume, um sorgfältig zurechtgeschnittene Zierhecken und Lauben. Scharf ausgeleuchtet sind die Fassaden der Häuser. Abblätternder Putz in Grau und hellem Braun, keine warmen Farben. Und dennoch empfinde ich überall Wärme. Gerötete Gesichter der vorbeischlendernden Menschen, einige strahlen Unsicherheit und Ruhelosigkeit aus. Die meisten mit dunklen Sonnenbrillen, um ihre lichtentwöhnten Augen zu schützen.

Doch kein Verhüllen, kein Verbergen mehr der Körper. Weit ausgeschnitten die Kleider der jungen Frauen, durchscheinend, die Stoffe sinnliche Gedanken und Gefühle auslösend. Ältere Männer mit Leinenhosen. Manche tragen Hüte, deren breite Krempen sich tief über die Gesichter wölben.

Kleider, die sich im Wind aufblähen. Passanten, deren Schritte leichter geworden sind. Die sich dem Reiz des Langsamen hingeben. Die das Eindringen von Wärme und Farben in ihre Körper, in ihre Seelen zulassen, es genießen. So nehme ich das sommerliche Treiben am Savignyplatz wahr.

Und ganz Berlin befindet sich im Christo-Fieber! Einem gewaltigen Pilgerzug vergleichbar, strömen Einheimische und Touristen dem verhüllten Reichstag entgegen. Hin zu den riesigen Stoffbahnen, die das steinerne Monstrum seit Tagen mit Licht und Leben erfüllen. Ein silberschimmerndes Gebilde, das im Sommerwind zu atmen scheint. Eine monumentale Skulptur von zeitloser Schönheit, geschaffen von Jean Claude und Christo.

Auf den umliegenden Rasenflächen breiten die Besucher ihr mitgebrachtes Picknick aus und bestaunen den verhüllten Reichstag. Der schweigt Nächten entgegen, die nicht mehr enden wollen.

Endlich ist Sommer, mit einem Wind, der frei werden, der träumen lässt. Auf dem Savignyplatz ergießt sich ein Strom von Lindenblüten von den Bäumen über die parkenden Autos. Er verfängt sich in den Haaren der Touristen, die vor dem Zwiebelfisch im Schatten der Markisen und Sonnenschirme ein wenig Ruhe suchen. Vereinzelt haben sich Blüten in ihre Bier- und Weingläser verirrt.

STÜRMISCHE WINDE

13.7.1995

Die Stadt glüht. Die Menschen bewegen sich langsamer, vor Hitze gerötet sind ihre Gesichter. Stürmische Winde treiben von Blitzen durchleuchtete graublaue Wolkenberge vor sich her.

Unter den Plakaten der Filmfestspiele »Berlinale« im Zwiebelfisch sitzt ein Paar. Die junge Frau in sommerlich leichtem Kleid. Verführerisch ihre Lippen. Ihre Augen unter hochgeschwungenen Brauen strahlen eine große Ruhe aus. Breite Wangenknochen, die dem Gesicht etwas Bäuerliches verleihen. Auffallend hell die Haut. Goldene Ketten um den Hals geschlungen. An den Händen zwei Ringe, die grünen Steine in Silber und Gold gefasst. Liebevoll streicht die Frau über das Gesicht des alten Mannes an ihrer Seite, der dankbar lächelt. Eine mich anrührende Szene von leiser Poesie.

Stürmische Winde, wie ich sie liebe. Durchwirkt von goldbraunen Schleiern trockener Lindenblüten, dringen sie in die heißen Räume ein. Die junge Frau und der alte Mann umarmen sich. Sie blicken sich an, während sich ihre Arme wieder von den Körpern lösen. Ihre Augen leuchten dabei jäh auf, als ob Blitze des nahenden Gewitters sie erreicht hätten.

Kurze Zeit später entlädt sich ein Unwetter. Danach belebende Frische, der Platz in mildem Abendlicht. Ein Mann mit schwarzer Lederjacke und schwarzem Hut nähert sich dem Lokal, von Axel bereits ungeduldig erwartet. Es ist Hartmut Volmerhaus, der Besitzer, wie ich später erfahre.

DER ZWIEBELFISCH
AM FRÜHEN ABEND

16.8.1995

Seine Räume liegen nach Osten, dem Morgenlicht entgegen. Keine Sonne am frühen Abend, die in die Räume hineinscheinen und bis in seine Ecken und Nischen vordringen könnte. Kein Aufleuchten von Gesichtern der Gäste durch die einfallende Sonne, wie ich es während der Sommermonate im Café Bleibtreu oft erlebt habe.

Es sind Räume, die in sich ruhen. Die Atem holen für eine Nacht, die erst am nächsten Morgen enden wird. Räume in einem sanften Licht, das einhüllt und schützt. Spieler, deren Hände schnell und kenntnisreich die weißen und schwarzen Steine auf dem Tavlibrett setzen, suche ich vergebens. Ebenso vermisse ich den gedankenversunken lesenden älteren Mann mit langem, grauen Haar über dem Leinensakko. Auch das Paar, das sich liebte. Und ich vermisse die Frau in Schwarz, die ich schon oft angetroffen habe. Die gegen Abend hereingewirbelt kommt, herausfordernd in die Runde schaut und dabei ausgelassen lacht.

SOMMERENDE

27.8.1995

Seit Tagen angekündigt, hat sich im Lauf der Nacht Kühle über Straßen und Plätze gelegt. Nicht begleitet von Unwettern, wie sonst üblich nach solch' einer lange währenden Hitzeperiode. Seit dem Morgen ist sie nun da.

Kaum erst beendet, scheint die sommerliche Hitze schon längst vergangen. Ströme von Regen bringen Erfrischung. Die Bäume saugen das Wasser förmlich in sich auf. Braungrüne Blätter stehen starr gegen den Wind. Asphalt, über viele Wochen staubig und grau, leuchtet nun in schwarzem Glanz.

Starker Regen hat die Kühle mit sich gebracht, sie über die ganze Stadt ausgebreitet. Auch die Passanten auf dem Savignyplatz hat sie ergriffen, ihre Körper, die während vieler Wochen nichts als Sonne und Hitze gekannt hatten. Vorbei das spielerisch-träge Flanieren. Vorbei die Zeit des vermeintlich unbegrenzten Genießens, der nackten, sonnengebräunten Haut in weiten Gewändern. Vorbei die Zeit, in der sie ihre Augen hinter dunklen Gläsern verbargen. Vorbei auch die Zeit der warmen Winde am Abend, die mit dem allmählich verlöschenden Licht ihr Spiel begannen und es in die Nacht davontrugen.

Axel lehnt entspannt am Durchgang zwischen den beiden Räumen. Er träumt wohl dem Sommer hinterher, dessen Licht und Wärme er liebt.

Ich selbst empfinde Sehnsucht nach dem Herbst, der in den kommenden Nächten erste Boten vorausschicken wird. Endlos schien der Sommer. Die Stadt glühte. Überall war Licht, selbst die Nächte schienen zu leuchten. Nun sind die Tage grau, erfüllt von Regenschauern. Die Schatten um die Häuser beginnen, wieder länger und tiefer zu werden.

ALTE MENSCHEN

13.9.1995

Tief gebeugt sitzen sie über sorgfältig ausgebreiteten Karten, die ihnen helfen sollen, sich in dieser großen Stadt zurechtzufinden. Alt sind ihre Körper, müde ihre Augen. Mit den Händen suchen sie mühsam nach Namen von Straßen und Plätzen. Aber sie können sie nicht finden.

Möglicherweise haben sie sich im Labyrinth der Straßen, in den Strömen des Verkehrs, im Gewühl der Passanten verirrt und wissen nicht mehr weiter. Nun sitzen sie im Zwiebelfisch, um sich ein wenig auszuruhen.

Menschen, deren Hände fahrig über Stadtpläne streichen, von denen sie sich vergeblich Orientierung erhoffen. Die um sich schauen. Deren Blicke hilflos durch die lärmerfüllten Räume wandern.

Gelegentlich schauen sie nach draußen. Vielleicht suchen sie Halt beim Licht der Straßenlampen. Doch rasch kehren ihre Blicke wieder zurück. Ohne ein Aufleuchten der abendlichen Stimmung in den Augen.

Alte Menschen, die mit ihren Händen auf Karten nach Orten suchen. Aber ihre müden Augen können sie nicht finden. Ich frage mich: Woher mögen sie kommen? Wohin mag ihr Weg sie führen, wenn sie den Zwiebelfisch wieder verlassen?

ANKUNFT EINES KLEINEN MÄDCHENS

20.10.1995

Trist ist die Stimmung in der Kneipe, wie der graue, regenschwere Himmel über dem Savignyplatz. Da stürmt ein Kind in gelben Hosen und pinkfarbenen Stiefeln in die Räume. Gekreische zwischen den Tischen und Barhockern. Ältere Männer heben verwundert die Köpfe vom Bier und der Zeitung, fühlen sich gestört. Das Kind jedoch hat die meisten Anwesenden im Handumdrehen erobert. Und Axel schaut amüsiert auf die Szene.

Einige Gäste neigen sich mit ihren Gesichtern und Körpern dem kleinen Wesen entgegen, Hände strecken sich nach ihm aus. Die junge Mutter in hilfloser Verzückung und der Vater mit einem ernsten Gesichtsausdruck: Stolz schauen sie auf ihr Kind – das Bild einer glücklich wirkenden Familie an diesem späten Nachmittag.

Der Vater, den ich seit einigen Jahren kenne, ist auffallend groß, zottig das weit über die Schultern herabfallende Haar und seltsam schleppend die Schritte, mit denen er ruhelos durch die Stadt eilt. Ein Mann, der Straßen und Plätze förmlich auszuspähen und die Menschen auf ihren Wegen mit seinen Auge regelrecht abzutasten scheint.

Es ist ein rastloses Suchen – für mich die Botschaft dieses Mannes, dem ich auf meinen Stadtwanderungen schon oft begegnet bin. Heute erlebe ich ihn gemeinsam mit seiner Frau und dem Kind, das auf die Straße hinaus will, die durch den warmen Wind allmählich abgetrocknet ist.

Endlich ist es ihm gelungen, begleitet von den liebevoll-besorgten Blicken der Mutter und den ruhelosen Blicken des Vaters, der auch heute auf der Suche ist. Über das auf dem Bürgersteig umhertollende Kind hinweg, das ihm so sehr gleicht.

AM TAG VOR HEILIGABEND

23.12.1995

Regenerfüllte Ruhe liegt über der Stadt. Nur vereinzelt begegne ich noch Fußgängern auf den nassen, schmutzigen Straßen. Sie eilen nicht mehr dem nächsten Geschäft, dem nächsten Termin entgegen, wie an den Tagen zuvor. Verhalten, irgendwie unsicher wirken ihre Schritte. Sie wissen wohl nicht so recht wohin in dieser Stunde.

Im Zwiebelfisch sprechen die wenigen Gäste ungewohnt leise miteinander, fast etwas scheu, als fürchteten sie, jemanden zu stören. Suchend schauen sie um sich. Mit ihren Rücken lehnen sie sich an die Heizkörper. Axel ist vertieft in Listen und Entwürfe für die Speisekarte der nächsten Woche.

Kein weihnachtlicher Schmuck auf den Tischen, an den Wänden. Nichts, was auf das nahende Fest hinweisen würde. Mit Wehmut denke ich an mein Dorf im süddeutschen Hohenlohe, zwischen Wäldern und Weinbergen gelegen. An meine Vorfreude auf den Heiligen Abend. An die erwartungsvolle Stille während dieser Tage. Jazz holt mich aus meinen Gedanken zurück. Kaum hörbar, als wollte er mich noch ein wenig träumen lassen.

Gerade ist ein Paar angekommen. Die Frau mit sorgfältig frisiertem, dunklem Haar und feingeschnittenem Gesicht. Der Mann mit schmalen Lippen und scharfen Linien um den Mund. Die Ellbogen auf die Tischplatte gestützt, die Köpfe zwischen die Hände gelegt – so schauen sie aneinander vorbei ins Leere.

Auf einmal fragt die Frau sich selbst, dann ihn, wie lange sie sich eigentlich kennen. Eine große Müdigkeit empfinde ich in ihrer Stimme. Ihre Worte scheinen den Mann jedoch nicht zu erreichen. Stattdessen streicht er mit seinen Händen fahrig über die Speisekarte, als ob er darin eine Antwort suchte. Dabei gehen seine Blicke über den dunklen, menschenleeren Platz hinweg in die Ferne.

Endlich gibt er ihrem Drängen nach und beginnt zu sprechen. Aber die Frau bleibt von seinen Worten unberührt. Sie greift nach ihrem Glas Rotwein. Zunächst eher zaghaft, wird ihr Griff zusehends entschlossener. Und härter klingt ihre Stimme mit der Forderung, endlich eine Antwort auf ihre Frage zu bekommen. Eine Frage, die sie vermutlich schon oft gestellt und auf die der Mann vermutlich ebenso oft mit hilflosem oder gleichgültigem Schweigen reagiert hatte.

Die Frau sieht zu mir herüber. Sucht sie bei mir ein wenig Verständnis für ihre offenbar ausweglose Situation? Hofft sie auf ein ermutigendes Kopfnicken von meiner Seite? Währenddessen versinkt der Mann erneut in Schweigen. Und über dem Paar erklingt von der Decke herab »I'm dreaming of a White Christmas«.

NACHWEIHNACHTLICHES

26.12.1995

Nun beginnen die Tage »zwischen den Jahren«, mit ihrer scheinbar angehaltenen Zeit: Wenn die Bauern in meinem Dorf an den Scheunentoren lehnten, und alte Frauen sich geheimnisvolle Geschichten über die »Zwölf-Heiligen-Nächte« erzählten.

Die Stadt erstrahlt in weihnachtlichem Glanz. Die breiten Straßen sind von unzähligen Lichtergirlanden hell erleuchtet. Zum ersten Weihnachtstag ist endlich Schnee gefallen. Er bedeckt Träume und Sehnsüchte, auch die kalte Geschäftemacherei der vergangenen Wochen.

Im Zwiebelfisch treffe ich wieder mehr Besucher an. Nicht die Scheuen, In-sich-Gekehrten, Verzagten vom Tag vor Heiligabend. Die vom vielen Feiern Satten und Müden sind an ihre Lieblingsplätze zurückgekehrt. Noch etwas mitgenommen wirken ihre Gesichter. Ihre Kleidung verrät die Festlichkeiten der vergangenen Tage.

Kaum haben sie ihre Getränke bestellt, wollen sie voneinander wissen, wie denn das Lamm, wie der Gänsebraten geschmeckt haben. Erlebnisse werden ausgetauscht oder einfach nur mitgeteilt. Später füllt sich das Lokal. Die meisten Frauen sind grell geschminkt. Die Musik wird laut und aggressiv. Gruppen von Berlin-Touristen stehen vor dem Eingang und studieren die Speisekarte mit gefrierendem Atem.

Stammgäste in schwarzen Lederjacken und mit breiten Hüten – heute in weiblicher Begleitung – kommen an. Sie nehmen die Kneipe in Besitz. Ein Mann, in der Hand einen Spazierstock mit silbernem Knauf, setzt sich breitbeinig an den Tresen. Einer aus der Zwiebelfischtruppe, auffallend modisch gekleidet und mit

Wollmütze, tritt dazu. Zur Freude seiner Kolleginnen erzählt er witzige, auch absonderliche Geschichten vom Heiligen Abend in seiner Familie. Doch die Männer in den schwarzen Lederjacken wollen solche Geschichten nicht mehr hören. Wollen keine nachweihnachtliche Stimmung, keine Ruhe und Besinnung. Und die Frauen an ihrer Seite schauen ungeduldig in die Runde. Sie sind begierig auf neues Leben. Auf eine Zeit, die sie atemlos macht.

BESUCHER AUS DER KÄLTE

26.1.1996

Klirrende Kälte aus Nordost hat die Stadt erreicht. Unerbittlich ergreift sie die Passanten, die sich mit dicken Mützen und Schals vor ihr zu schützen suchen. Doch die Kälte ergreift ihre Gesichter, ihre Körper. Gräbt sich in sie ein, schafft sich ihre eigenen Konturen und Spuren.

Mit von der eisigen Luft geröteten Gesichtern betreten neue Gäste den Zwiebelfisch. Zusammengepresst ihre Lippen. Tief die Falten auf Stirn und Wangen. Schicht um Schicht versuchen sie, sich von der Winterkleidung zu befreien. Steif und behutsam ihre Bewegungen, unsicher ihre Blicke. Erst allmählich werden sie freier, offener, gelöster.

Stimmengewirr schlägt den Ankommenden entgegen. Nach dem Öffnen der Tür schauen sie scheu in die Räume. Sie blicken auf diejenigen, die rauchen und trinken und dabei leidenschaftlich diskutieren oder Tavli spielen. Allmählich entspannen sich ihre Gesichter. Das Weiß ihrer Augen wirkt nicht mehr gefroren. Und Ihre Lippen werden voll und rot.

EIN TANZENDES KIND
AUF DEM TISCH

13.2.1996

Angst und Unruhe haben sich wie ein Schatten auf das Gesicht des jungen Vaters gelegt, denn sein Kind ist auf den großen runden Tisch geklettert. Nervös greift er zuerst nach dem längst abgestandenen Bier und dem daneben liegenden Handy. Dann versucht er, nach dem Kind zu greifen, das zur Freude der meisten Anwesenden zu tanzen beginnt und sich dabei immer schneller dreht.

Keine Tavli-spielenden Männer an dem Tisch. Über seine braungoldene Oberfläche breitet sich an diesem späten Nachmittag ein ganz anderes Leben aus: Ein kleines Mädchen in einem hübschen weißen Kleid tanzt darauf, was bei seinen Eltern Unsicherheit auslöst.

Der Vater ist nervös. Die Mutter ist besorgt. Die Anderen freuen sich. Und dann geschieht etwas Unerwartetes: Eine Frau vom Zwiebelfischteam, blond und groß und kräftig, wirft einen kurzen, vergewissernden Blick zu der Mutter und greift dann rasch nach dem emsig sich drehenden und glücklich lachenden Kind. Sie nimmt es in ihre Arme und legt sein Gesicht an ihre linke Schulter. Sie wiegt es sanft, während sie hinter den Tresen geht. Sie hat das Kind »entführt«, begleitet von den unsicheren Blicken der Eltern.

Die blonde Frau trägt das Mädchen im Arm, während sie Bier am Tresen zapft, Getränke und dampfende Suppen serviert, mit den Gästen spricht und Geld entgegennimmt. Mit Staunen verfolgt das kleine Wesen das Geschehen.

Noch ruheloser und nervöser wirkend der Vater, ihrem Kind zuwinkend dagegen die inzwischen entspannte Mutter. Neugierige

Blicke der Anderen. Ein Obdachloser, dem man bei der Kälte Einlass gewährt hat, amüsiert sich als einziger über diese ungewöhnliche Szene. Und die Frau mit dem blonden Haar hält das kleine Mädchen noch immer liebevoll in ihren Armen. Ein Kind, das mit seinem Tanzen und Lachen auf dem großen runden, matt glänzenden Tisch so viel Freude ausgelöst hat.

EIN LANGER TAG IM MÄRZ

20.3.1996

Grau hatte er begonnen, mit tiefhängenden Wolken, dieser Tag
des kalendarischen Frühlingsanfangs. Völlig unerwartet war am
Morgen Schnee gefallen, vermischt mit gefrorenem Nebel, der sich
federleicht auf die Straßen, auf papierübersäte Bürgersteige und
parkende Autos gelegt hatte. Schnee und Nebel hatten die Menschen auf den Wegen zur Arbeit empfangen. Unmut machte sich
in ihren wintermüden Gesichtern breit. Offensichtlich fühlten sie
sich um die Hoffnung auf Licht und Sonne und Wärme betrogen
Am späten Vormittag brach endlich die Sonne durch das Grau.
Die Fußgänger begannen zaghaft ihre Mäntel zu öffnen und ihre
Köpfe von den Mützen zu befreien, während sie aus den U-Bahn-
Schächten kamen. Und ungläubiges Staunen war auf ihren Gesichtern zu lesen.

Es ist der erste Frühlingstag in der seit vielen Wochen von Kälte
erstarrten Stadt. Bis weit in den Nachmittag hinein strich die
Sonne aus einem klaren, tiefblauen Himmel über die schmutzigen Fassaden der Häuser am Savignyplatz. Sanft und behutsam
berührte sie die Menschen, die über ihn gingen. Ganz so, als ob
sie fürchtete, sie in ihrem Erwachen aus der langen Winterzeit zu
erschrecken.

Von der Sonne gebräunt das Gesicht eines Gastes im Zwiebelfisch. Seine Hände streifen über die nahezu faltenlose Stirn. Die
Augen ungemein jung und lebendig. Unter der braunen Cordjacke
ein türkisfarbenes Hemd. Am ausgefransten Revers eine verwelkte
Rose.

Der Mann erzählt von einem Bauernhaus, gebaut aus groben
Steinen. Von uralten Olivenbäumen und dem silbernen Grün ihrer

Blätter. Von den Düften der Kräuter in einem blühenden Garten. Er spricht vom Licht in einem südfranzösischen Dorf, das seine Seele erfüllt. Axel, der am Tresen lehnt, hört ihm aufmerksam zu. Er bringt dem Mann ein weiteres Glas Wein. Dann öffnet er die Tür, um einen Schwall frischer Luft in die Räume zu lassen.

Ein langer Tag im März, der erste Frühlingstag. Doch bei einbrechender Dunkelheit beginnt wieder ein kalter Wind um die Bäume und Lauben auf dem Savignyplatz zu wehen. Nur wenige Passanten kommen vorbei. Noch immer in Wintermäntel gehüllt und mit Hüten, die sie tief ins Gesicht gezogen haben.

ORTSTERMIN

22.4.1996

Das Schreiben über den Zwiebelfisch ohne sein Publikum? Ich frage mich, ob das überhaupt möglich bzw. sinnvoll ist. Über ihn schreiben, bedeutet doch vor allem, über seine Gäste schreiben. Dennoch will ich es versuchen. Werde mich dem Lokal annähern, es betreten, durch seine Räume gehen, meine Augen umherschweifen lassen und festhalten, was ich dabei sehe und fühle.

Seit längerem verfolgte Hartmut Volmerhaus mit Interesse meine regelmäßigen Notizen. Er war sichtlich erfreut, als ich ihm sagte, dass ich dabei sei, ein Buch über sein Lokal zu schreiben und deshalb auch mehr über die vielen Plakate, Bilder und Fotografien erfahren möchte. Ohne zu zögern war er bereit, mich bei einem »Ortstermin« – so will ich ihn nennen – zu begleiten.

An einem kühlen Aprilmorgen treffen wir uns vor dem Eingang. Über der Tür lese ich: Lasciate ogni speranza, voi ch'entrate – Ihr, die Ihr hier eintretet, lasst alle Hoffnung fahren. Der Schriftzug »Zwiebelfisch« mit dem blassroten »b« wird flankiert von den Schultheiss-Männern in mittelalterlicher Kleidung, mit breiten Ketten um den Hals und einem gefüllten Bierkrug in der Hand. Rechts neben der Tür die grüne Heineken-Werbung »Feel the night«.

Beim Hereinkommen fällt mein erster Blick auf den Tresen aus massiver Eiche, davor Barhocker. Leicht abgedunkelte Glühlampen über den Zapfsäulen. Unübersehbar das Buffet aus der Gründerzeit. Über den Gläsern für Bier und Wein, anderen Spirituosen und Flaschen für unterschiedlichste Getränke birgt es eine Fülle interessanter und witziger Kuriositäten.

Da ist eine Uhr mit römischem Ziffernblatt auf mattweißem

Grund, deren Zeiger, wie mir Axel erzählte, »immer auf fünf vor zwölf« stehen sollten. Ein Sektkühler in angelaufenem Silber, eine Auflaufform und vier Bierzapfhähne – letzte Requisiten aus den Zeiten von Bernd Fahr, dem unvergessenen Kneipenwirt in den 1970er Jahren. Die Skulptur einer griechischen Göttin, die über den jetzigen Hausherrn wachen soll. Vier Eierbecher aus der DDR, Hühner und Hähne aus Plastik in gespiegelter Zweierreihe, in den Farben Rot und Rosé, Blau und Gelb. Eine Fischdose aus Keramik in bräunlichem Rot – vor sich hinträumendes Maskottchen des Zwiebelfischs. Bonsai-Bäume in den Regalen, künstliche Gebilde in silbernem Graugrün. Und rechts oben, neben all diesen Kuriositäten, eine Kuckucksuhr.

Alte formschöne Lampen. Tische und Stühle aus Holz mit deutlichen Spuren der vielen Besucher – bewahrenswerte Insignien einer reichen, wechselvollen Kneipengeschichte.

Aber was wäre der Tresen, das Buffet, das Mobiliar ohne die vielen Plakate und Bilder und alten Fotografien! Sie zeugen von den unzähligen Menschen, die an diesem Ort ihre jeweils eigene Geschichte niedergeschrieben und damit eine unverwechselbare Handschrift hinterlassen haben.

So sehe ich im ersten Raum die Ankündigung einer Ausstellung von Natascha Ungeheuer im Haus am Lützowplatz – es war die Vernissage am 18. September 1984, mit dem wunderbaren Bild »Karnevals Ende« als Plakat. Ein Poster mit einer Nachtszene am S-Bahnhof Halensee 1936 von Oskar Huth. Die von Farben geradezu explodierenden Plakate von Jens Jensen, dem Wanderer zwischen Paris und Berlin. Ein Plakat von Thomas Hartmann, »Millionen Stadt« – für Hartmut Volmerhaus, den leidenschaftlichen Sammler der vielen Plakate, das »ultimative Bild einer Großstadt«. Und Farbmontagen von Jan Voss.

Ich sehe gleichermaßen irritierende und bewegende Botschaften von Gilow und Krawtschenko: »Liederliches aus Spree-Athen«. Arbeiten des jungen Malers Pejmann aus Paris, seine Phantasien »Im Schatten von Osiris«. Die Ankündigung der konzeptionellen Arbeiten von Raffael Rheinsberg »New York – Exit«. Und den

Hinweis auf eine Ausstellung der Galerie Nothelfer im Jahr 1985, mit Bildern von Galli, der Kleinwüchsigen – mit der »Kraft einer Riesin«, so mein »Kneipenführer«. Sie ging an zwei Stöcken mit silbernen Griffen und besuchte oft den Zwiebelfisch.

Zum ersten Mal nehme ich Nil Ausländers Plakat in Braun und Schwarz, mit der tiefsinnigen Einsicht von Karl Valentin »Kunst ist schön. Macht aber viel Arbeit«, ganz bewusst wahr. Eines der Werke beeindruckte mich besonders: »Zerstörte Bilder« von Lilli Engel und Raffael Rheinsberg. Daneben der für den Hausherrn wichtigste Druck: »35 Gesinnungsüberprüfungen täglich – eine Botschaft des Senats von Berlin. In Berlin gibt's was zu sehen«. Ein Plakat, an dem, wie er betont, sein »Herz hängt«.

Zwischen dem ersten und zweiten Raum hat er eine Art »Oskar-Huth-Gedächtnishalle« eingerichtet. Eine etwas verblasste Fotografie zeigt zwei vom Leben gezeichnete Männer im Gespräch: Oskar Huth und Paul Gehring, Männer mit schmalen, hageren Gesichtern. Mit Schirmmütze der eine, der andere nahezu kahlköpfig. Sie blicken sich aus Augen an, die von einem erfüllten Leben, aber auch von Einsamkeit künden. Auf einer weiteren Fotografie Oscar Huth alleine: der begnadete Erzähler, der Maler und Dichter, der Orgelbauer und Klavierstimmer und »Antinazi-Aktivist«, der Fälscher von Lebensmittelkarten und Ausweisen für Juden und andere Verfolgte, neben seinem Flügel – eine Momentaufnahme voller Melancholie. Und dann die »didaktische Ecke«, so der verantwortungsvolle Kneipier, mit dem Plakat »Tod dem Alkohol« und »Alkohol macht dizipliniert – dlizspliniert – dzilisnipriet – szidinilritpe«.

Nach der Ouvertüre mit dem Tresen und Buffet der zweite Raum mit vielen weiteren Plakaten, Bildern und Fotografien. Glas über die gesamte Außenfront, gefasst in Rahmen, die mit den Jahren goldbraune Patina angesetzt haben. Auf einer Schiefertafel mit dem Schriftzug »Coca Cola Coke« in Rotweiß das Angebot für heute: Wildsuppe mit Pilzen und Sherry; Ratatouille mit Käse überbacken; Spaghetti mit Thunfisch in Weißweinsauce; Tafelspitz in Brühe; Chili con Carne. Verheißungen von Gaumenfreuden. Und diese Flut von Plakaten und Bildern ringsum …

Ich amüsiere mich über eine Arbeit von Lilli Engel und Raffael Rheinsberg mit dem Titel: »Kein Olympia 3000« – ein mit Alurahmen versehenes Plakat, mit olympischen Ringen in hellem Braun. Daneben die Anzeige einer Ausstellung von Thomas Hermsdorf und Vernissage-Ankündigungen von Jens Jensen. Plakate von Peter Ackermann und Akbar Behkalam, »mobile et lithographies« von Calder. »Nackte Aspekte« von Gerd Frost: ein Plakat, das – wie mir der Besitzer schmunzelnd erzählt – vehemente Sexismus-Vorwürfe auslöste und den Zwiebelfisch um den regelmäßigen Besuch einer Gruppe »Hardcore-Feministinnen« brachte. Henri Michaux mit visionären Figuren zum hundertsten Geburtstag. Christian Schad in der Staatlichen Kunsthalle Berlin 1980. Und jene diffus verführerischen Frauengestalten der »Berliner Phantasten« von Gerhard Richter in der Galerie Lietzow.

Meine Blicke wandern weiter zu dem gefleckten Tänzer von Leiv Warren Donnan. Zu Plakaten der Galerie Nothelfer. Zu Gallis Bild »Power«, mit einer persönlichen Widmung für Hartmut Volmerhaus »und dem – unser aller – ‚Verzweiflungs-Fisch‘, auf dass auch ich dort weiterhin verzweifeln kann«. Und zum Plakat anlässlich des 25-jährigen Jubiläums der Galerie Taube: Ein Kind mit deformierten Engelsflügeln steht vor einer kahlen, gelben Wand.

Für mich von besonderem Interesse ist der direkte Bezug mehrerer Plakate zur Geschichte Berlins. »Das Jahr 1945« – ein Thema der Internationalen Filmfestspiele: Berlin träumt in all seiner lebendigen Tristesse von der Wand herab. »Deutschland 1939« gibt sich zu erkennen – mit den erhobenen Armen der alten, unbelehrbaren, blinden Fanatiker und den jungen Verführten jener Zeit. Es begrüßt mich aber auch eine ganz andere Botschaft: »Happy Birthday, Cinema« – mit den traurigen Augen von Buster Keaton und seiner sich schminkenden Begleiterin. Ich sehe das eindrucksvolle Plakat »Berlin. Außen und innen«. Daneben die Ankündigung einer Retrospektive von »53 Filmen aus 90 Jahren«. Großstädtische Visionen.

Nur weniges habe ich jetzt erst entdeckt, das meiste ist mir längst vertraut. Allmählich wird mir kalt, ich beginne zu frieren. Und mir wird bewusst, dass Fülle und Reichtum der Plakate und Bilder und Fotografien es nicht vermögen, mich die Gäste im Zwiebelfisch vergessen zu lassen: die unermüdlichen Zeitungsleser, die leidenschaftlichen Raucher und Trinker und Tavlispieler, die großen Schweiger und Diskutierer. All diejenigen, denen ich inzwischen begegnet bin. Sie lassen mich an meinem Versuch zweifeln, über den Zwiebelfisch auf diese Weise zu schreiben. Denn was wäre er ohne sie?

»Sag ich doch«, kommentiert mein morgendlicher »Kneipenführer«, schon beim Gehen, meine Zweifel und eilt davon.

ZEITUNGSLESER

10.5.1996

Ihre Köpfe und Oberkörper über die Zeitung gebeugt, so sitzen sie an ihren Tischen … Sollte ich mit diesen Worten beginnen, wenn ich über die Zeitungsleser schreibe? Sollte ich mich zunächst mit dem durch Klammern und Holzbügel gebündelten Objekt ihrer Begierde befassen, mit dem knisternden Papier der einzelnen Seiten, die für sie oft sperrig sind? Oder sollte ich mich doch besser ihrer unbeschreiblichen Hingabe und schier grenzenlosen Begehrlichkeit nach aktuellen Nachrichten und sonstigen Informationen, aufgespürt aus dem Stapel der neben der Eingangstür ausgelegten Zeitungen, zuwenden und mir darüber ein paar Gedanken machen?

Denn vom ersten Tag an war für mich erstaunlich, wie viele Stunden die Zeitungsleser auf den ziemlich unbequemen Stühlen sitzen können. An Tischen, oft zu klein für die vor ihnen ausgebreitete Papiermenge. Umstände, die für sie offenbar bedeutungslos sind. Geradezu süchtig wirken sie auf mich, wollen eintauchen in die Nachrichtenflut. Dabei scheinen sie alles um sich vergessen zu haben.

Schon oft habe ich sie so erlebt, und immer wieder stelle ich mir dieselben Fragen: Was haben sie während ihrer Suche gefunden? Welches Ziel verfolgen sie mit ihrer unablässigen Suche? Was fangen sie mit der Fülle dessen an, was sie gelesen haben? Macht es sie zufrieden, gar glücklich?

Mir kommen solche Fragen in den Sinn, denn nie habe ich bei den Zeitungslesern einen Ausdruck von Erleichterung, Erfüllung, Zufriedenheit inmitten der Nachrichten aus Tagesspiegel und tageszeitung (TAZ), Berliner Zeitung und Stadtmagazin,

Frankfurter Rundschau, Süddeutscher Zeitung, Spiegel und Stern wahrgenommen. Vielmehr bemerke ich, wie sie nach kurzem Verweilen bei einem Artikel oder Kommentar mit ihren Augen, die mich an Radarstrahlen denken lassen, über die Texte hinweggleiten. Immer weiter muss es gehen, immer weiter suchen, ohne ein wirkliches Sich-Versenken in die Inhalte.

Zunächst legen sie das Objekt ihrer Begierde vor sich zurecht und glätten sorgfältig die einzelnen Blätter, ehe sie mit der Lektüre beginnen. Dann treibt sie ganz offensichtlich das Verlangen voran, von Seite zu Seite weiterzublättern, um immer Neues zu erfahren. Gelegentlich streichen sie sich mit ihren Händen über den Mund, über die Augen, über die Stirn. Der Ausdruck in ihren Augen bleibt dabei seltsam leer, trotz der Fülle des Gelesenen.

ZWISCHENZEIT

28.6.1996

Leise erklingt Musik aus den 1950er Jahren. Die Räume haben sich nahezu geleert. Die Gäste des späten Nachmittags, in angeregter Unterhaltung über die Ereignisse des Tages und der zu Ende gehenden Woche, haben ihre angestammten Plätze verlassen. Ihre Diskussionen über das Haus in der Toskana, über Pläne mit neuen PC-Installationen, verwegene Gedanken über Politiker und Wirtschaftsbosse, die zu »kippen« wären – all diese Gespräche, hineingeredet und -gedacht in das Licht eines späten Sommernachmittags, sind verklungen.

Die Künstler der bedeutungsvollen Reden, des statuengleichen Sitzens und Schweigens vor einem Glas Bier oder Wein haben sich in ihre Häuser zurückgezogen. Wie Helden, welche die Wunden des zurückliegenden Tages nun lecken wollen.

Axel und Bernd – einer vom Kneipenteam – säubern die Tische der letzten Gäste. Danach nehmen sie mit einem Bier ihre Lieblingsplätze am Tresen ein. Und der Zwiebelfisch holt Atem für eine lange Nacht.

FRAUEN IN SCHWARZ

12.8.1996

Sie eilen vom Tresen zu den Tischen und wieder zurück, die Frauen in Schwarz. Sie lehnen wie Axel am Durchgang zwischen den beiden Räumen. Sie warten auf die nächste Bestellung, auf das Bier aus dem Zapfhahn, auf das Gericht aus der Küche. Dann eilen sie wieder zu einem der Tische. Mit einem Lächeln begrüßen sie die Ankommenden.

Sie tragen Hosen und Überwürfe, die – so mein Eindruck – einhüllen sollen in das Schwarz einer Zeit, die längst vergangen ist. Verbunden mit Erinnerungen an die 1960iger Jahre, als bei jungen Menschen Visionen und Vorstellungen von einer anderen Gesellschaft entstanden waren. Manches von dem wurde Wirklichkeit, vieles erstickte im Dickicht von Trägheit, Schwäche und Feigheit, auch mangelndem Mut zu Veränderung und Neuem. Aber an diesem Ort scheint jene Zeit auf wundersame Weise noch immer zu leben.

Frauen in Schwarz: Sie erfüllen die Räume mit ihren Blicken und Stimmen. Mit erstaunlicher Gleichgültigkeit können sie diejenigen betrachten, denen sie noch kurz zuvor Bier oder Wein serviert haben. Mit viel Wärme und Verständnis schauen sie dagegen Kindern zu, die durch die Räume tollen und mit ihren kleinen Händen ergreifen, was sich ihnen in den Weg stellt.

Frauen in Schwarz an einem Ort mit reicher Geschichte. An diesem spätsommerlichen Abend so voller Leben.

ZWEI PROFESSOREN IM GESPRÄCH

29.8.1996

Nur schreiben wollte ich heute. Vielleicht auch ein wenig über die letzten Tage nachdenken. Bei Axel bestellte ich meinen Wein, amüsierte mich über seine flapsigen Worte. Wollte dann mit dem Schreiben beginnen. Doch seit einigen Minuten nehmen zwei Professoren meine ganze Aufmerksamkeit gefangen. Sie führen einen jener Dispute, auf die sich vornehmlich Wissenschaftler der nahegelegenen Technischen Universität und der Hochschule der Künste einlassen.

Die Professoren sitzen einander an dem großen runden Tisch hoch aufgerichtet gegenüber. Sie beobachten sich, während sie sich mit offenbar ungewöhnlichen Thesen zu einem Thema herauszufordern versuchen, das ich lange nicht verstehen kann. Dann endlich dringt es etwas deutlicher bis zu mir herüber: Es ist die »Logik der Philosophie«, so meine Vermutung, um die sie sich in einem neuen, gemeinsamen Werk auseinandersetzen wollen.

Der eine in beigefarbenem, sommerlichem Sakko über modisch abgestimmtem Rollkragenpullover. Die feingliedrigen Hände neben der Kaffeetasse und einem Glas Cognac. Glattes, dünnes, sorgfältig gescheiteltes Haar. Diesem streng und asketisch wirkenden Mann gegenüber der andere, der sich, bäuerlich schwer, auf dem Stuhl zu sitzen bemüht. Über dem massigen Oberkörper trägt er ein buntes, grobes Flanellhemd. Der Kopf strahlt Kraft und Zuversicht aus. Sein weißes, sonnengebleichtes Haar fällt über eine gebräunte Stirn. Die Hände des Mannes ruhen auf dem Tisch, vor sich ein Glas Rotwein.

Die Professoren befinden sich in einem wissenschaftlichen Streitgespräch. Sie ereifern, sie erregen sich, jeder auf seine Weise. Eher selten werden sie dabei auch richtig laut. Dann wieder verfallen sie in minutenlanges Schweigen. Der eine umfasst nervös sein Glas mit Cognac. Der andere streicht sich bedächtig über die Stirn und greift danach entschlossen zu einem weiteren Glas Rotwein. Vielleicht träumen sie einer glorreichen Zeit zukünftigen gemeinsamen Arbeitens entgegen, vielleicht auch früheren wissenschaftlichen Großtaten hinterher. Sie holen Luft für neue Gedanken, für wohlbedachtes Reden und beredtes Schweigen.

Nach etwa einer Stunde trennen sie sich mit einem knappen Gruß von dem Ort ihres wissenschaftlichen Disputs. Der streng und asketisch wirkende Professor wechselt zu meinem Erstaunen an den Tresen. Der Professor mit dem offenen, freundlichen Gesicht verlässt zielstrebig die Räume. Nach dem reichlichen Rotweingenuss wirken seine Schritte auf mich noch ziemlich kraftvoll und sicher. Während ich ihm nachschaue, verliert sich seine Gestalt allmählich im Licht der untergehenden Sonne.

JÜRGEN, DER KOCH

11.10.1996

Pünktlich um 18 Uhr trifft er ein. Er sichert sein sportliches Fahrrad an einer Stange des Fahrradständers vor dem Eingang und entfernt den edel wirkenden Ledersattel mit leichter, eleganter Handbewegung.

Dann betritt der stets braungebrannte Mann das Lokal. Scheu sieht er um sich, grüßt flüchtig nach allen Seiten. Mit gemessenen Schritten geht er der Küche entgegen, um seine abendliche Wirkungsstätte in Besitz zu nehmen. Ein durchaus würdevoller, fast ein wenig feierlich anmutender Auftritt, den er sichtlich genießt.

Jürgen, so der Name des Kochs, taucht ein in sein Reich der Dämpfe, der Gerüche von Fleisch, Gemüse und vielerlei Gewürzen. Wenn er gerade mal nicht kocht, kauert er hinter dem Tresen und schaut den Neuankömmlingen entgegen.

EIN DERWISCH IM ZWIEBELFISCH?

15.10.1996

Gedämpftes Licht und leise Stimmen. Gäste, die müde wirken, sich verhaltener als sonst bewegen. Doch plötzlich entfaltet sich Leben in den Räumen: Ein Mann tanzt mit weit ausgebreiteten Armen! Ein großer, schlanker Mann in schwarzer Lederjacke hat – kaum angekommen - seinen Tisch wieder verlassen und beginnt sich zu drehen. Zunächst etwas zaghaft und unsicher, tastet er sich vorsichtig in die rauchgeschwängerte Luft und das Stimmengewirr hinein. Und er dreht sich langsam weiter.

Eine ziemlich ungewöhnliche Szene, aber zu meiner Überraschung richten sich keine neugierigen Blicke auf den Mann. Er ist »ganz einfach« da, und er tanzt im sanften Abendlicht. Während ich seinen Bewegungen folge, sehe ich sie vor mir: die »Wirbelnden Derwische«, wie ich sie vor Jahren im Osten der Türkei erleben konnte.

Heute nun also ein Derwisch im Zwiebelfisch? Ich empfinde jedoch nichts von der Mystik jener geheimnisvollen Männer. Wo bleiben die unablässig kreisenden, immer schneller werdenden, zunehmend schwebenden Drehungen? Wo die Ekstase und der Rausch, die alles ergreifen und in ihren Bann ziehen?

Während ich den tanzenden Mann betrachte, stelle ich mir vor, dass andere Gäste sich von ihren Stühlen erheben, ihre Arme ausbreiten und mittanzen würden. Könnte es nicht sein, dass sie dadurch wieder Glanz in ihren Augen und neues Leben in ihren Körpern entfachen würden? Aber ihre Hände liegen regungslos auf dem Tisch. Müde schauen sie auf den menschenleeren Platz hinaus.

ABENDLICHER AUFTRITT

22.11.1996

Eine Frau öffnet die Tür und sofort ist sie präsent. Ihre Inszenierung am späten Nachmittag findet in weitgeschnittenem, dunklem Mantel statt, der die rasch einsetzende Kühle in die Räume hineinweht. Mit der Kraft eines Vulkans bricht sie in das Dämmerlicht der Stunde. Und eine einzige Botschaft hat sie mitgebracht, die sie lustvoll verkündet: »Ich bin wieder da!«

Ihr lang über die Schultern hinabreichendes braunes Haar gleicht einer Flut. Hauteng die verwaschenen, schwarzen Jeans, knapp sitzend der schwarze Pullover und die bunte Weste aus Seide und Samt. Darüber ein leuchtend roter Schal.

Sie kommt mit einem Lachen herein, das sich der Gefühle der Anwesenden sofort bemächtigt. Mit dem sie »ein ganzes Lokal aufmischen kann«, wie sie vor einiger Zeit stolz erklärte. Es ist das Lachen einer Frau, die das Blut in den Adern gefrieren lassen und Feuer unter der Haut entfachen kann.

Die Gäste sitzen vor ihrem Bier und Wein und schauen gelangweilt in die Runde. Eine ganz alltägliche Situation an diesem Ort. Da betritt diese Frau die Räume. Mit ihrem roten Schal scheint sie alles umschlingen zu wollen. Und mit ihrem Lachen zieht sie alle in ihren Bann.

EIN ALTES PAAR

14.12.1996

Schief hängt die wollene Mütze über dem Kopf der Frau. Sie schiebt das weiche Ungetüm behutsam aus dem Gesicht. Die Hände hält sie vor den Mund, als wolle sie ihn verbergen. Ihre rosarote Brille rutscht unentwegt über die Nase. Sie verlangt nach einem Kaffee. Dabei hustet sie in die Zigarette hinein, die sie in der linken Hand hält.

Manchmal spricht die Frau zu dem neben ihr sitzenden Mann, während dieser aufmerksam Zeitung liest. Mit dem Kopf dem Papier sehr nah, sind seine Augen doch weit geöffnet. Gegen die Kälte dieser Tage hat er einen türkisfarbenen Wollschal um den Hals geschlungen. Manchmal nickt er der Frau zu, die unentwegt ihre Lippen bewegt und deren Hände Halt in ihrem Gesicht zu finden suchen.

Eine Frau, deren Hände keine Ruhe finden. Ein Mann, der sich in die Nachrichtenflut der Zeitung vertieft. Der dabei häufig nickt, als stimme er dem zu, was er liest. Obwohl sie an zwei kleinen Tischen nebeneinander sitzen, sind sie doch untrennbar miteinander verbunden.

Die Frau neigt sich sanft zu dem Mann hinüber, als er zahlt, dabei streift ihre wollene Mütze sein Gesicht. Mit wachen, klugen Augen versucht er, ihr das Zahlenwerk der Rechnung zu erläutern. Sie nickt voller Vertrauen, während er spricht.

Dann verlässt das alte Paar das Lokal. Die Frau geht dicht hinter dem Mann. Beide in Pantoffeln, schlurfen sie in die abendliche Kälte hinaus.

»LASS' MAL GUT SEIN!«

13.2.1997

Zuweilen habe ich in dieser Kneipe auch schon hämische, gar feind-selige Blicke und Reden erlebt. Doch heute erlebe ich Wärme und Mitgefühl, Unerwartetes hat sich ereignet. In den vergangenen Wochen gingen häufig Obdachlose an der Glasfassade vorbei und schauten sehnsüchtig in die Räume. Sie wirkten unsicher. Und sie froren. Aber sie hatten nicht den Mut, die Tür zu öffnen.

Vor einer Stunde aber bildete sich eine Brücke von drinnen nach draußen, von Wärme zu Kälte. Die »guten Geister« des Zwiebel-fischs und Stammgäste am Tresen blickten den Menschen auf der Straße einladend entgegen. Diese konnten zuerst nicht glauben, dass sie eintreten durften.

Doch da war dieser eine Satz der Frau mit dem ausgelassenen Lachen gefallen: »Lass' mal gut sein!« Keinen Türsteher, keinen Rauswerfer wie anderswo sollte es hier geben – sonst häufige Er-fahrung der von der Gesellschaft Ausgegrenzten.

Zunächst noch etwas unsicher, fühlten sie sich von dem Willkommensgruß der Frau und den einladenden Blicken der Anwesenden ermutigt, öffneten die Tür und traten ein. Sie such-ten einen freien Tisch für die ihnen gewährte Zeit. Der gleichsam erlösende Satz »Lass mal gut sein« hatte ihnen den Weg in eine Welt gewiesen, die ihnen bis zu dieser Stunde fern und unerreich-bar erschienen war.

ROTE LIPPEN, SCHWARZE LEDERJACKEN

4.4.1997

Raues Stimmengewirr in den Räumen. Das Lippenrot der Frauen neben dem Lederjackenschwarz der Männer. Frauen und Männer sehr nah beieinander.

Vor dcm böig-kalten Wind über dem Savignyplatz sind sie in den Zwiebelfisch geflüchtet und recken nun ihre Köpfe. Wie befreit wirken sie von der Last der späten Wintertage. Mit dröhnendem Gelächter und derben Sprüchen toben sie sich aus. Sie suchen nach neuer Kraft für die kommenden Frühlingstage.

Die Frauen und Männer in Rot und Schwarz suchen Nähe zueinander. Doch kaum erreicht, geht sie wieder verloren. Stimmen prallen aufeinander, wollen sich aneinander messen, gehen wieder auf Distanz. Wie so oft, bleiben sie einander fremd.

Der späte Abend ist erfüllt von elektrisierender Frische. Er begehrt auf gegen die Tristesse des zu Ende gehenden Winters. Langsam erhebt er seine Flügel. Und behutsam legt er sie um die Bäume und Blumenrabatten, um sie vor einer kalten Nacht im April zu beschützen.

DER GROSSE MANN
AM TISCH NEBENAN

15.8.1997

In aufrechter Haltung sitzt er da, mit ernstem Gesichtsausdruck und seltsam starr wirkendem Körper. Ein großer Mann, der sich nur mit äußerster Sparsamkeit bewegt. Leicht gekräuselt das dunkle Haar. Kantig die Stirn und markant gebogen die Nase. Ein Gesicht, das kaum jemals Anzeichen einer Gefühlsregung erkennen lässt. Mal hat er seine Arme lang auf dem Tisch ausgestreckt, dann wieder greift er mit der rechten Hand nach dem Glas mit rotem Landwein aus Frankreich. Die linke Hand hat er dabei leicht angewinkelt, als sei er jederzeit bereit, mit ihr ebenfalls zum Glas zu greifen. Dabei sieht der Mann in die Ferne.

Stets sitzt er am selben Tisch im linken Raum, und er wirkt vollkommen desinteressiert an dem, was um ihn geschieht. Nur einem scheint sein Interesse zu gelten: dem dunkel leuchtenden Glas in Reichweite seiner rechten Hand.

Von dem Mann geht eine vollkommene Ruhe aus. Und dennoch vibriert alles an ihm. Kaum hat er ein Glas geleert, drängt er mit seinem ganzen Körper dem nächsten, vollen Glas entgegen. Nicht eine Sekunde will er verstreichen lassen bis zu dem in Richtung Tresen geäußerten »Ein Glas bitte«. Kurz und unmissverständlich ist die Bestellung. Kein weiteres Wort verlässt seine Lippen. Der ohnehin hoch aufgerichtete Körper wirkt noch eine Spur gestraffter. Und schon steht das bis zum Rand gefüllte neue Glas vor ihm.

Für einen Moment glaube ich, in seinen Augen ein Glimmen zu sehen. Dann greift er nach dem Wein.

DIE NACHTSCHICHT KOMMT

9.10.1997

Wie Gladiatoren, mit einem siegessicheren Lächeln und ent-
schlossenen Schritten, betreten sie die Kneipe. Gekleidet in knapp-
sitzende, dunkle Jacken über weißen Hemden, sind ihre Gesichter
hellwach. Sie kommen in die verräucherten Räume, und eine belebende Frische breiten sie um sich aus.

Längst ungeduldig erwartet, werden sie von der Tagschicht wie
Helden begrüßt. Sie werden umarmt und geküsst. Mit erhobenen
Stimmen verkünden sie eine wahre Flut neuer Nachrichten aus
den zurückliegenden Stunden und lösen damit ungläubiges Stau-
nen aus. Ein Staunen über das Leben in der Welt außerhalb des
Zwiebelfischs, jenseits des Savignyplatzes.

Hände und Arme der Müden und der Tatendurstigen umfangen
einander. Ihre Augen und Körper suchen Nähe. Gläser mit Bier
und Wein und Schnaps klingen gegeneinander. Die Gladiatoren
für die Stunden bis zum nächsten Morgen sind angekommen.

OKTOBERLICHT

16.10.1997

Am langen Tisch links neben dem Tresen malt eine ältere Frau mit blondem Haar. Die blaugraue Schirmmütze hat sie weit übers Gesicht gezogen, als ob sie sich gegen eine allzu grell eindringende Sonne schützen möchte. Aber da ist keine Sonne an diesem späten Nachmittag im Herbst. Kein Licht, das sie blenden könnte. Die tief herabgezogene Mütze soll die Blicke der Frau vermutlich nach innen lenken. Sie bündeln für das Blatt Papier, das sie vor den Farbtöpfen, den Pinseln und Gläsern zum Auswaschen der Farben zurechtgelegt hat. Eine Malerin bei der Arbeit, von den wachsamen Augen eines Mannes in brauner, abgeschabter Lederjacke begleitet, der neben ihr sitzt.

Mir gegenüber eine junge Frau, die schreibt. Ab und zu schaut sie mit einer Mischung aus Neugierde, Skepsis und Angriffslust unter ihrer schwarzen, dicken Wollmütze hervor, über der eine Sonnenbrille hängt.

Währenddessen schafft das Zwiebelfischteam Körbe und Kästen voller Gemüse und Obst heran, mit allerlei Zutaten für die Küche. Axel, der selbsternannte »Finanzchef«, auch zuständig für die Logistik, schleppt Bierkästen, Weinflaschen und Schnäpse für die Stunden bis zum nächsten Morgen hinter den Tresen.

Die Kartenspieler und die Liebhaber von Tavli und Schach finden sich ein, um sich ganz ihrer Spielleidenschaft hinzugeben. Wissenschaftler der nahen Universität versuchen, an Diskussionen der letzten Nächte anzuknüpfen. Doch es ist ein diffuses, spöttisches Gerede, das überlegenes Wissen vorgeben soll. Es ist brüchig und abgestanden wie das Bier neben den überquellenden Aschenbechern.

Sie sitzen am Tresen, ihre Köpfe und Oberkörper drängen dicht zueinander. Sie tragen schwarze Hüte mit breiten Krempen. Ihre Hände greifen fahrig nach der nächsten Zigarette und dem nächsten Bier. Männer – so will mir scheinen – auf der Suche nach einem neuen, anderen Leben.

Bernd räumt Stühle auf dem Bürgersteig beiseite, die nun nicht mehr gebraucht werden, denn für die Nacht sind erster Frost und Raureif angekündigt. Heute mit frisch gewaschenem, leicht gewelltem Haar, kehrt er schon bald an seinen Lieblingsplatz am Tresen zurück. Interessiert schaut er zu einem jungen Paar hinüber, das begonnen hat, sich Karten zu legen. Gebannt folgen beide ihren – scheinbar ein Eigenleben führenden – Händen, wie diese unablässig die Karten mischen und ausbreiten. Sie sind völlig gefangen vom Zauber des Spiels.

Da versammelt sich vor dem Lokal eine kleine Schar von Kindern mit Laternen. Sie streiten sich aufgeregt um die besten Plätze für den bevorstehenden Umzug. Sie rufen und schreien in die Räume hinein. Einige Zeitungsleser unterbrechen erstaunt ihre Lektüre. Die junge Frau mit der schwarzen Wollmütze schreibt ungerührt weiter, während die blonde Frau mit der blaugrauen Schirmmütze einen flüchtigen Blick auf den Platz hinaus wirft. Sie prüft das milde Oktoberlicht und mischt erneut die Farben.

DER SCHWEIGER
UND DIE MALERIN

23.10.1997

Häufig treffe ich ihn hier an, den Mann in der braunen, abgeschabten Lederjacke. Und fast immer setzt er sich an den langen Tisch links neben dem Tresen.

Mittelgroß ist er, mit einem leichten Bauchansatz. Bis zum Kinn herabgezogen ein Bart, der dem melancholisch wirkenden Gesicht einen Hauch von Verwegenheit verleiht. Die unentwegt brennende Zigarette und das Bierglas hält er in schmalen Händen.

Er ist ein eher unauffälliger Gast – wären da nicht die dunkelbraunen, leicht geröteten Augen, die fortwährend nach draußen gerichtet sind. Der Mann sitzt da vom späten Nachmittag an bis in die Nacht. Andere Besucher streift er mit keinem Blick. In einen graubraunen oder rötlichblauen Pullover gekleidet, schaut er unablässig hinein in das flimmernde Sonnenlicht eines Sommertages, in das Dunkel der herbstlichen und winterlichen Tage.

Auch heute neben ihm die blonde Frau mit der blaugrauen Schirmmütze. Entschlossen greift sie zu Stift und Pinsel und skizziert und malt. Dabei prüft sie regelmäßig das Licht, die vor ihr liegenden Blätter und die gemischten Farben und Pinsel in den wassergefüllten Gläsern.

Gelegentlich suchen ihre Augen den Weg hinaus zum Bürgersteig, zu den Lauben und Bäumen und umliegenden Häusern. Dies geschieht jedoch auf eine ganz andere Weise als bei dem Mann an ihrer Seite. Zunächst sieht sie auf ihre Skizzen, dann erst richtet sie einen kurzen Blick nach draußen und kehrt rasch wieder zu ihrer Arbeit zurück. Denn ergreifen, ertasten, erfühlen will sie mit ihren Augen und Händen. Es ist ein unentwegtes Schauen und

Beobachten von Menschen und Farben im wechselnden Licht der Stunden mit weit geöffneten, verletzlich wirkenden Augen.

Zwei Menschen in meiner Nähe, die mich auf unterschiedliche Weise berühren. Ich frage mich: Würden sie mich erkennen, mir sogar zunicken oder leicht eine Hand erheben, wenn ich an dem Lokal vorbeiginge? Oder wollen sie »einfach nur schauen«, wie der schweigsame Mann mir vor einigen Tagen sagte?

DER ZWIEBELFISCH ZUM »DREISSIGSTEN« – GLUT UNTER DER ASCHE

3.11.1997

Ein Fest sollte gefeiert werden, so wollte es eine inzwischen ergraute Gästeschar. So wollte es auch Hartmut Volmerhaus, der Inhaber des Zwiebelfischs. Und ich erlebte ein rauschendes Fest zum dreißigjährigen Jubiläum dieser Kneipe. Eingetaucht in Ströme von Bier, von Rauch und Musik. Eingetaucht in Erinnerungen, die für eine ganze Nacht zu neuem Leben erweckt werden sollten.

Beim Überqueren des Savignyplatzes bemerke ich schon von Weitem einen dunkelhäutigen Trommler in bunten Kleidern hinter der breiten Glasfront. Er prüft seine Instrumente, behutsam auf die Bespannung klopfend, in ihren Klang hineinhörend. Ich sehe das Team des Zwiebelfischs, das noch fieberhaft damit beschäftigt ist, ein reichhaltiges Buffet aufzubauen.

Die Gäste, nahezu alle in dezent-dunkler Kleidung, streben dem Jubiläumsort entgegen. Zu den Spuren von einstigen Rebellen gegen eine verkrustete Gesellschaft. Von bildenden Künstlern, Journalisten, Schriftstellern und Schauspielern einer Zeit des Aufbruchs, an die es zu erinnern, die es zu feiern gilt.

Es kommen Besucher, die Blumen der späten Herbsttage vor sich hertragen wie einen zerbrechlichen Schatz. Sie streben einer weit geöffneten Tür entgegen, vor der sie der Hausherr begrüßt – zu diesem besonderen Anlass im cremefarbenen Dinnerjacket.

Denn welch ein Ereignis gilt es gebührend zu würdigen! Seit dreißig Jahren existiert diese »Kultkneipe« inmitten alter Fassaden, dennoch hat sie von ihrer Leuchtkraft kaum etwas verloren. Und ich bin dabei, wie sie bis zum Morgengrauen gefeiert wird.

Die Luft erzittert unter den Schlägen des Trommlers, des Kontrabassisten und des Gitarristen. Vergeblich versucht sich ein Sänger Gehör zu verschaffen. Seine Lieder verklingen im Gewühl der Feiernden, die sich lautstark aneinander vorbei schieben. Eine verschworene Gemeinschaft, die für sie kostbare Erinnerungen zusammengeführt hat.

Der schweißüberströmte junge Trommler entledigt sich seines T-Shirts. Sein nackter, muskulöser Oberkörper schwingt im Rhythmus der Melodien. Die anderen Musiker – ältere Herren mit leicht gebeugten Rücken – fangen an, ihre Instrumente zu wiegen, zu liebkosen. Sie spielen Lieder aus den 1960er Jahren, von manchen bereits ungeduldig erwartet.

Der Zwiebelfisch feiert sich. Und er hat sich dafür eine lange Nacht genommen, um endlich wieder ganz bei sich zu sein. Um sich in der Vergangenheit, in Träumen, in Illusionen zu verlieren.

Axel, der »Friedensrichter«, wie ihn die Frau mit dem ausgelassenen Lachen einmal liebevoll nannte, hat für sich eine kleine Insel der Ruhe gefunden. Offensichtlich genießt er den Trubel. Gleichzeitig träumt er – so glaube ich es in seinen blauen Augen zu sehen – von Naxos, der geliebten griechischen Kykladeninsel, die er seit vielen Jahren im Sommer besucht, und von der er mir schon oft begeistert erzählt hat.

Als der Kontrabass und die Trommeln, die Gitarre, die Geige, das Saxophon, die Posaune und die Trompete am frühen Morgen ihr Spiel beenden, beginnen die Feiernden eher widerwillig zu begreifen: Das Fest ist vorbei. Müde und zögernd verlassen sie diesen Ort. Auch ich mache mich auf den Weg nach Hause. Eine junge Frau, die mich begleitet, wiegt ihren Körper im Rhythmus der kaum erst verklungenen Musik.

Das selbstverlorene Tanzen der Begleiterin lässt mich an die festlich gekleideten Frauen des Zwiebelfischteams denken, die während der zurückliegenden Stunden Unmengen von Bier und Wein an den dicht an dicht stehenden Gästen vorbei, oft über ihre

Köpfe hinweg zu jonglieren hatten. Auch denke ich an einen wenig erfolgreichen Jacques-Brel-Imitator, der um Mitternacht wild gestikulierend und singend auf den Tresen geklettert war. Und an einen Mann mit schwarzem, breitkrempigem Hut, mit dunklen Augen in einem auffallend blassen Gesicht, der inmitten des Trubels seltsam verloren wirkte.

Vor allem aber denke ich an die Frauen mit ihren braunviolettgeschminkten Lippen und schmalen Schultern unter mattweißem Hals. Frauen in eng geschnittenen Kleidern aus Samt und rohgewebter Baumwolle oder Seide. Mit Augen, die vor Leben sprühten, die Begehrlichkeiten zeigten, die Erfüllung suchten. Augen, in denen noch immer Feuer glühte – und leise Trauer um eine verloren geglaubte Zeit.

Und die Männer auf diesem Fest? Die meisten reichlich korpulent. Mit überwiegend bärtigen Gesichtern und mit Augen, die keine Botschaften mehr verkündeten. Ohne Glanz. Ohne Träume. Männer, die oft müde und resigniert auf mich wirkten. Einige, die mit einem Glas Bier in der Hand seltsam orientierungslos dastanden und in irgendeine Ecke schauten.

Frauen und Männer, in deren Augen ich zu sehen glaubte, dass sie längst begonnen hatten, sich vor der lähmenden Routine des Alltags zu schützen. Nun waren sie gekommen, um verschüttet geglaubte Sehnsüchte wieder zu entdecken und ihre Erinnerungen an vergangene Zeiten mit neuem Leben zu füllen.

Der Zwiebelfisch zum »Dreißigsten« mit seinen feiernden Gästen, die für eine lange Nacht zusammengekommen, mehr noch: »zusammengerückt« waren. Deren Gedanken, Gefühle und Seelen sich für die Stunden bis zum Morgengrauen vereint haben. Ich habe in strahlende, auch müde Augen geblickt. Und oft habe ich Glut unter der Asche entdeckt.

DIE GESCHICHTE VOM BLEICHEN ZYNIKER UND BRUDER GEORG

10.11.1997

Breitbeinig sitzt er da, inmitten von Freunden in dunklen Sakkos aus grobem Leinen. Er redet seit Stunden, während er fortwährend trinkt und auffallend häufig lacht. Einerseits ergeht er sich in den aufgeblasenen, sinnentleerten Phrasen eines herkömmlichen Bildungsbürgertums. Andererseits beschwört er Visionen einer ungeduldig erwarteten, in Wirklichkeit längst verlorenen Revolution. So sitzt er da und redet und lacht und trinkt.

Das fortwährende Gerede dieses Mannes und sein verächtliches Lachen verlassen ein bleiches Gesicht mit schwarzem, sorgfältig zurechtgeschnittenem Bart, der ihm einen merkwürdig asketischen Ausdruck verleiht. Das, was er sagt, lässt auf ein erstaunlich reiches Wissen über die Philosophen der Antike und über die gedanklichen Wegbereiter sozialistischer und kommunistischer Gesellschaften schließen. Kaum minder erstaunlich ist die Schärfe und Unerbittlichkeit, mit der er über die Heuchelei der Katholischen Kirche spricht. Ein Gemisch aus Licht und Hoffnung und vergiftetem, zerstörerischem Nebel!

Sein zynisches Gerede ist an einen ihm gegenübersitzenden Mann von allumfassender, körperlicher Rundheit gerichtet. Rund und konturenlos auch sein Gesicht. Mit einem Kinn, das sich sanft in einem aufgeblähten, rötlichen Hals verliert.

Seine Stimme ist von öliger Unangreifbarkeit, die Alles, gleichsam »ex cathedra«, zu verkünden weiß. Selbst bissige und verächtliche Bemerkungen aus dem Mund des »bleichen Zynikers« – so will ich ihn nennen – gleiten an ihm ab. Ungerührt nimmt er sie hin. Auf alles und jedes findet er sofort eine Antwort. Der massige

Körper sucht Halt auf einem viel zu kleinen Stuhl. Die Beine weit gespreizt. Die spärlich behaarten, kräftigen Arme bewegungslos vor einem Bücherstapel ausgestreckt. Jemand, dessen Herkunft aus einer der katholischen Hochburgen im rheinischen Westen für mich sehr bald erkennbar wird.

Intellektueller Zynismus und provozierende Gleichgültigkeit prallen aufeinander. Das raue Gerede und Lachen des bleichen Zynikers, der seine Verzweiflung über verlorene Träume in Strömen von Alkohol zu ertränken versucht, treffen auf die ölig klingende Stimme des wohlig-runden Mannes, der – wie gesagt – auf alles und jedes eine Antwort geben kann.

Es ist eine keineswegs ungewöhnliche Begegnung in dieser Kneipe, wäre da nicht das Wort vom »Bruder Georg« gefallen. Auf einmal lehnt sich der bleiche Zyniker weit zu dem inzwischen in seinen Büchern Lesenden hinüber, blickt ihm direkt in die Augen und sagt mit sanfter, verführerischer Stimme: »Bruder Georg«. Das Gesicht des so Angesprochenen verliert seine letzten Konturen. Es verrät schier grenzenlose Pein ob solcher Anrede. Weinerlich-schlaff hängen die Mundwinkel herab. Der Körper sackt regelrecht in sich zusammen.

»Bruder Georg« – welch eine respektvolle, fast liebevolle Anrede, denke ich bei mir. Der wohlig-runde Mann indessen scheint wie vom Blitz getroffen. Er leidet auf für mich nicht nachvollziehbare Weise. Zusehends verfällt sein Körper, bäumt sich wieder auf, fällt noch mehr in sich zusammen. Nein, keinesfalls sei er der »Bruder Georg«. Für niemanden hier und auch sonst nirgendwo. Nein, er sei nicht der mit infamem Unterton Angesprochene.

Nach dieser Quälerei des wohlig-runden Mannes durch den bleichen Zyniker geschieht etwas für mich Unerwartetes, geradezu Wundersames: Zusehens suchen die beiden eine Annäherung. Im Gewirr von herausgestoßenen, kaum mehr verständlichen Worten berühren sich ihre schweißnassen Köpfe. Unübersehbare gegenseitige Verachtung weicht hilflosen Versuchen einer Verbrüderung. Dennoch werden die Gräben zwischen ihnen immer tiefer. Inmitten der Ströme von Bier und Wein.

Bleiben da noch die abschließenden Worte des »Bruder Georg«: »Heilige Mutter Gottes, erbarme Dich«. Worte, einfach so dahingesagt. Über Bücherstapel und Gläser mit Bier und Wein und überquellende Aschenbecher hinweg. Ich frage mich: Erbarmen für wen? Erbarmen etwa für den wohlig-runden Mann oder doch eher für den bleichen Zyniker?

KÜNSTLER

11.11.1997

Eine typische Berliner Kneipe, erfüllt von Rauchschwaden und Stimmengewirr: Dies ist der Zwiebelfisch. Aber ebenso ist sie erfüllt von leiser Musik und Gesprächen ihrer Gäste über Reisen in südliche Länder, die mich an Gerüche von Pinien und blühendem Ginster, von Oleander und frisch gepresstem Wein denken lassen.

Neben der Vielfalt der alltäglichen Besucher ist dieses Lokal auch ein Ort für Künstler, die in seinen Räumen ein zweites Zuhause gefunden haben. Die oft in langen Mänteln und bunten Wollmützen an ihrem Lieblingstisch schreiben und skizzieren und malen. Die bei Axel und den anderen so bekannt sind, dass sich eine persönliche Bestellung ihrer bevorzugten Getränke erübrigt. Künstler, die aus ihren Nischen heraus das Abendlicht betrachten, es mit zusammengekniffenen, zupackenden Augen auf einem Stück Papier festzuhalten versuchen. Die sich an manchen Tagen gegen die Versuchung des Festhalten-Wollens sperren. Die von Freiheit träumen und kreativer Stille. Von bewegenden Ideen und leidenschaftlichen Diskussionen. Von erregenden Formen und Farben. Von Visionen.

Solche Künstler treffe ich ziemlich häufig an. Unter ihnen einen Schriftsteller, der behutsam sein Schreibgerät in Händen hält, sich auf einem kleinen Block oder auf den Rändern einer mitgebrachten Zeitung Notizen macht und dabei leise vor sich hin spricht. Oder eine Malerin, die mit wachen, prüfenden Augen um sich schaut, und mit bunten Stiften und Pinseln spontane Eindrücke skizziert. Es ist eine Welt der von Niemandem kontrollierbaren Suche nach Nähe, die ohne Distanz nicht möglich ist. Eine Suche, die behutsame Annäherung wagt und zugleich Ferne erträgt. Offen und ungeschützt – ohne Kritik zu fürchten.

Künstler, die zuweilen von Ängsten getrieben werden, nicht mehr sehen und fühlen und schreiben und skizzieren und malen zu können. Die sehr einsam auf mich wirken, wenn sie im Raum links neben dem Tresen ihre Rücken an die Heizkörper lehnen und dabei suchend auf den Platz hinausschauen.

DER MANN MIT DEM SCHWARZEN HUT IST TOT

18.11.1997

Axel hat mir erzählt, dass er vor ein paar Tagen gestorben ist: der Mann mit dem schwarzen Hut, seit vielen Jahren Stammgast. Das Lokal quillt über von Menschen und fast alle tragen Schwarz. Wie bei solchen Anlässen üblich, einige in vornehm glänzender, andere in matter, etwas verblichener Kleidung. Niemals zuvor – so mein Eindruck – haben Besucher so leidenschaftlich und gedankenverloren geraucht.

Einer schwarzen Flut vergleichbar, sind sie in die Räume geströmt, und ich denke dabei an jenen späten Sommertag vor vielen Jahren, als ich auf dem breiten Bürgersteig feiernde Trauergäste antraf. Doch heute erlebe ich weder spürbare Trauer, noch Lachen und Tanzen. Es ist die leise Erzählung einer Frau am Nebentisch, die mich anrührt. Sie erzählt dem Pfleger eines spastisch Gelähmten von dem Begräbnis am frühen Nachmittag, als Abschied zu nehmen war von dem Mann mit dem schwarzen Hut. Würdig sei die Feier gewesen. Der Gelähmte im Rollstuhl zuckt zusammen. Die Geschichte hat ihn erschüttert. Er versucht, den ihm gereichten Essteller mit seinen eigenen Händen zu fassen, während die Frau über den Verstorbenen spricht. Über einen Mann namens »Hase«, den ich regelmäßig antreffen konnte.

Mit ernstem Gesicht und stets schlecht gelaunt wirkend, saß »Hase« vom späten Nachmittag an vor dem Tresen. Stets in Schwarz gekleidet. Schwarz auch die hohen Stiefel aus feinem Leder und mit allerlei bunten Verzierungen. Würdiger Abschluss seiner Kleidung der Hut: Er trug ihn wie eine Krone. Nicht eigentlich schwarz war er, nicht dunkelgrau. Schwarz eingefärbtes Leder hätte es sein können oder tief eingedunkelter Filz.

Wenn er kam, setzte er sich sofort auf einen der freien Barhocker und bestellte ein Bier. Kein einziges Mal, auch nicht in brütender Sommerhitze, konnte er sich entschließen, sich seines Hutes zu entledigen. Nur selten unterhielt er sich mit Anderen. Und nie tat er dies mit lauter Stimme.

Auffallend blass und ernst war sein Gesicht. Der Hut warf tiefe Schatten über seine Augen, die seit Jahren von bläulichen Rändern umgeben, gleichsam eingerahmt waren. So saß er am Tresen, das Bierglas mit beiden Händen umfassend, als suche er daran Halt. Und jedes Mal, wenn ich ihn sah, schienen die Schatten um seine Augen tiefer und bedrohlicher zu werden.

Heute nun wurde »Hase« von seinen Freunden zu Grabe getragen. Seit Stunden ertränken sie ihre Gefühle in Strömen von Alkohol und rauchen mit Hingabe und Leidenschaft. Am Ende ihrer Erzählung von dem Begräbnis umarmte und küsste die Frau am Nebentisch den Gelähmten im Rollstuhl.

VOM LÄCHELN EINES WISSENSCHAFTLERS

24.11.1997

In altmodisch geschnittener Kleidung, farblos: So nehme ich den Wissenschaftler von einer der Universitäten Berlins wahr. Mit grauem Haar bis zu den Schultern. Mit einer alten Ledertasche, die er immer bei sich trägt – gleichsam eine natürliche Verlängerung der dünnen Arme.

Es ist auch immer derselbe Tisch, den er für sich ausgewählt hat: ein Tisch in der linken hinteren Ecke des Raums neben dem Tresen. Dort an der Wand, eingerahmt von Heizkörpern, scheint er Ruhe und Schutz zu finden. Und Wärme in diesen frühwinterlichen Tagen.

Dort sitzt der Wissenschaftler über viele Stunden. Um sich ausgebreitet die Bücher aus der alten Ledertasche, Verzeichnisse von Veranstaltungen seiner Universität und direkt vor sich den Terminkalender. Neben den Büchern ist dieser Kalender das eigentliche Objekt seiner Begierde nach Lesen und Kontrollieren. Denn der Mann vermag über Stunden seine Eintragungen zu studieren und sorgfältig zu prüfen, um sie mit leichtem Kopfschütteln wieder zu verwerfen. Mit seinen Händen hält er die Bücher, die Verzeichnisse und den Terminkalender mit außergewöhnlicher Behutsamkeit, als ob er befürchtete, sie zu beschädigen, gar zu zerstören. Und seine Augen begleiten all dies mit unverkennbarer Skepsis.

Dieser ernste, in der linken hinteren Ecke sitzende Mann ist also unablässig beschäftigt mit Lesen und Kontrollieren und Prüfen und Verwerfen und Weiterlesen. Nur selten verlässt er die Welt seiner Bücher und Termineintragungen und schaut in den Raum vor sich, danach hinaus auf den Savignyplatz. Mit einem Ausdruck rätselhafter Trauer in seinen Augen.

Seit langem nehme ich den Wissenschaftler in dieser Weise wahr. Doch vor einiger Zeit geschah während eines der Fußballspiele von europäischer Dimension und Bedeutung bei ihm ein Wunder. Unter den Besuchern löste das Spiel Erinnerungen an vergangene, dramatische Wettbewerbe und gewonnene Pokale aus. Eine der Bedienungen eilte von Tisch zu Tisch und verbreitete den neuesten, endgültigen Stand der aktuellen Begegnung – woher sie ihre Kenntnis hatte, blieb mir verborgen.

Diese Nachricht erreichte auch den Mann in seinem Lesewinkel. Wie ein Blitz traf ihn, so schien mir, der Sieg »seiner« Mannschaft. Und er wirkte wie erleuchtet. Die verkündete Zahl der erzielten Tore schien seine von vielerlei Gedanken und Problemen belastete Seele zu befreien. Seine Mundwinkel verzogen sich zu einem vorsichtigen Lächeln. Seine Augen wurden groß vor lauter Staunen und Freude. Gebannt schaute er auf die Frau, die ihn mit dem endgültigen Ergebnis zu beglücken vermocht hatte. Und noch Minuten später lächelte er der Frau hinterher, obwohl sie längst den Bestellungen anderer Gäste gefolgt war.

WIE PHILEMON UND BAUCIS

16.12.1997

Aus eisiger Kälte kommt ein Blumenverkäufer herein. Dunkel-
strahlend seine Augen, die dicke Wollmütze über die Stirn herabgezogen. Und mitten hinein in den Auftritt aus der Kälte vernehme
ich das leise Begehren einer Frau nach einer Blume in hellem Rosa.

Jene blonde Frau, die an dem langen Tisch links neben dem Tresen malt, heute mit brauner Schirmmütze, hat sich wieder neben
den Mann in der abgeschabten Lederjacke gesetzt und wünscht
sich eine Rose. Eine ganz bestimmte, zartfarbene Rose aus dem
künstlich wirkenden Strauß des Blumenverkäufers. Behutsam
nimmt die Frau sie entgegen und prüft ihren Zustand. Danach
legt sie die Blume vorsichtig zwischen zerlesene Zeitungen, ein fast
leeres Bierglas und einen überquellenden Aschenbecher.

Der Mann an ihrer Seite schaut wie immer unablässig nach
draußen. Dann geschieht etwas, das mich verzaubert. Die Frau
hat die Rose neben seine zusammengefalteten Hände geschoben.
Ihr Körper neigt sich zu ihm hinüber. Nur ganz leicht, als ob sie ihn
bei seinem Schauen hinaus in die Dunkelheit nicht stören wollte.

Schließlich lehnt sie einen Moment lang vertrauensvoll ihren
Kopf an seine Schulter. Ihre Blicke begegnen sich. Still schauen sie
auf die Blume, die zwischen ihren Händen liegt.

EIN UNERWÜNSCHTER BESUCHER

19.12.1997

Seit einigen Stunden herrscht Glatteis auf den Straßen. Fußgänger tasten sich unsicher und ängstlich die Gehwege entlang, gleiten aus und schlagen hin. Die ganze Stadt befindet sich in einer Art Ausnahmezustand. Kaum vorweihnachtliche Stimmung kann sich verbreiten.

Auch im Zwiebelfisch herrscht keine Stimmung, die an das Fest des Friedens denken lassen könnte, denn ein Mann wird zur unerwünschten Person erklärt. Unverzüglich entfernt werden soll er aus der Kneipe. Was war geschehen?

Schon länger kenne ich diesen Mann. Klein und von gedrungener Gestalt und mit einem Gesicht, dessen Ausdruck sich beständig verändert, ist er äußerst umtriebig. Seine Zeit ist der Sommer, auf den Rasenflächen des Savignyplatzes hält er dann Hof. Unentwegt parliert er mit Anderen. Dabei ist alles an ihm in Bewegung. Seine Augen schweifen umher, packen zu, verengen sich dabei. Ein Mann, der andere mit seinen Blicken zu ergreifen und für sich zu gewinnen sucht.

Er strahlt gleichermaßen verführerische Nähe und latente Gewalttätigkeit aus. Seine unablässig suchenden, von Alkohol gezeichneten Augen, seine ausgeprägte Körperlichkeit ziehen für Sekunden an. Und sofort stoßen sie wieder ab.

Dieser Mann soll nun also entfernt werden, um keine weiteren, von ihm offenbar ausgelösten, zunehmend aggressiven Kommentare der Gäste zu provozieren. Ich sehe Gesichter am Tresen, die nichts Gutes verheißen. Hinaus soll er, so die Forderung. Möglichst in voller Länge hinschlagen, um Eis und Kälte zu spüren.

Draußen kann ich Fußgänger erkennen, die sich vorsichtig und zögernd auf den eisüberzogenen Bürgersteigen entlangbewegen. In diese lichtlose, eisige Welt geht dann der kleine Mann. Seine knapp sitzende Lederjacke hat er eng zusammengeknöpft, als wolle er dadurch Schutz vor dem drohenden Unheil suchen. Seine Augen haben allen trügerischen Glanz der letzten Stunden verloren.

Trostlose, feuchtkalte Dunkelheit empfängt ihn, als er widerwillig das Lokal verlässt. Begleitet wird er vom hämischen Grinsen der Anderen am warmen Tresen.

ZWEI TAGE VOR SILVESTER – GELÄCHTER ÜBER VERGANGENE ZEITEN

29.12.1997

Tristesse über dem Savignyplatz. Vor Nässe triefende Bäume. Abtauendes Eis auf den Bürgersteigen und Pfützen auf den Straßen. Ein Paar geht langsam vorbei. Immer wieder bleibt es stehen, betrachtet die hell erleuchteten, noch weihnachtlich dekorierten Schaufenster auf der gegenüberliegenden Straßenseite. Zuckt angesichts der Flut von Waren, von grellen Farben und dem aufdringlich präsentierten Überfluss dieser Tage gleichgültig die Schultern. Währenddessen übt sich ihr Kind im Seilhüpfen. Voller Lust springt es in die Pfützen, begleitet von teils amüsierten, teils kopfschüttelnd-hilflosen Blicken des Vaters.

Die meisten Besucher im Zwiebelfisch sind mit Zeitunglesen beschäftigt. Einige wenige tauschen emsig Resultate der letzten Bundesligaspiele vor der Winterpause aus. Dabei sind sie so erregt, als ob sich diese erst vor wenigen Tagen ereignet hätten. Ich vermisse Axel, der sonst an der Wand zwischen den Räumen lehnt, Rechnungen studiert oder Bierkästen schleppt. Eine durchaus alltägliche Situation. Bis zu dem Moment, als sich aggressives Gelächter auszubreiten beginnt.

Der »bleiche Zyniker« – wie ich ihn seit der Geschichte von »Bruder Georg« nenne – und ein Freund sitzen am Tresen, auf den hohen Barhockern nur mühsam Balance haltend. Männer, die sich über Kant und Hegel, Marx und Engels und Yasar Kemal, den in der Frankfurter Paulskirche jüngst geehrten türkischen Preisträger des Friedenspreises des deutschen Buchhandels, unterhalten.

Männer, die über vergangene Zeiten diskutieren und dabei immer wieder in Gelächter ausbrechen. Voller Disharmonie bricht es aus ihren Körpern hervor, die zusehends schräg über dem Tresen hängen. Es verrät, dass sie »am Kippen« sind. Doch es sind weniger ihre von Alkohol geschüttelten Körper, die mich erschrecken. Vielmehr sind es ihre Worte, die sie zunehmend unkontrolliert hervorstoßen. Brutale Worte und Formulierungen, die mich schockieren, mich mit Entsetzen erfüllen.

Es ist das höhnische Gelächter von Männern, die zwei Tage vor Silvester eine Zeit heraufbeschwören wollen, die erfüllt war von großen Hoffnungen und Zielen, auch von Träumen. Eine für sie verlorene Zeit, die sie nun in Alkohol zu ertränken versuchen.

SCHREIBEN IN EINER KNEIPE

30.12.1997

Oft sitze ich – in Gedanken und Gefühle versunken – an meinem kleinen runden Tisch dicht neben der Eingangstüre und mache mir Notizen. Manchmal werfe ich einen Blick auf die Anwesenden, denn ich bin auf der Suche. Ich suche nach glücklichen Augen und leiser Wehmut. Nach dem unbekümmerten Spielen eines Kindes und dem Alleinsein eines alten Menschen. Nach den mir vertrauten Gästen, die sich mit Freunden treffen. Nach denen, die alleine sind und rauchen und trinken und Zeitung lesen und schweigen. Ab und zu schaue ich auch auf den Platz hinaus. Auf die Farben des Tages und das Licht des Abends.

Ich versuche, über all dieses zu schreiben und die »richtigen« Worte zu finden für Gefühle von Glück und Trauer. Für diejenigen, an deren Freude ich Anteil nehmen möchte, wenn sie alte Freunde wiedersehen. Wenn sie das Tavlispiel, den Wein und das Bier und die Lektüre der Zeitungen genießen.

Während ich schreibe, toben kleine Kinder zwischen den Tischen umher. Von den stolzen Blicken eines am Tresen sitzenden Stammgasts aus einem orientalischen Land fasziniert, halten sie für eine kurze Zeit staunend inne. Dann machen sie mit dem Gerenne umso wilder weiter.

Inmitten umhertobender Kinder schreiben können? Bisher ist mir das immer gelungen. Doch heute Abend fällt es mir schwer. Ich fühle mich sehr allein, auch einsam. Mich ergreifen solche Gefühle, obwohl ich durch das Schreiben ja Anteil nehmen möchte an allem, was ringsum geschieht. Um dadurch etwas Nähe und Wärme zu finden.

Mitten hinein in mein Grübeln bricht die Frau mit dem

schulterlangen, braunen Haar. Lachend fegt sie Tische und Stühle regelrecht beiseite. Keinen Raum für Ruhe und Nachdenklichkeit will sie dulden. Ganz Bewegung ist sie, pure Körperlichkeit. Bei den Anwesenden löst sie starke Reaktionen aus. Meine Aufmerksamkeit vermag sie jedoch nicht auf sich zu lenken. Mein Grübeln geht weiter …

Dabei wird mir bewusst, dass meine Gefühle von Alleinsein und Einsamkeit während des Schreibens mir längst vertraute Freunde sind. Freunde, die mich begleiten, wenn ich um mich schaue und suche. Wenn es mir gelingt, für das Gesehene geeignete Worte zu finden. In einer Sprache, in der ich mich zuhause fühle. Inmitten dieser alltäglichen Geräuschkulisse.

Unvermittelt frage ich mich: Verliere ich meine Zeit, wenn ich »nur« dasitze und nachdenke und träume und meinen Wein trinke? Verliere ich meine Zeit, wenn die Sinnhaftigkeit des Augenblicks, der Stunde, des späten Nachmittags, des Abends, der Nacht, des frühen Morgens sich mir nicht mehr erschließen will, mir zu entgleiten droht? Verliere ich meine Zeit, wenn ich zu vorgerückter Stunde mit kaum mehr lesbarer Schrift die Seiten meines Schreibblocks fülle und dabei Leere in mir spüre? Wenn ich kein Empfinden mehr für Farben und Licht, für den Klang von Stimmen, für den Ausdruck von Händen, von Gesichtern, von Körpern der Gäste habe? Kein Empfinden mehr für ihre Augen, die auf mich gerichtet sind? Verliere ich dann meine Zeit?

Während mich solche Fragen umtreiben, entdecke ich im anderen Raum eine Gruppe von Besuchern, die in fröhlicher Stimmung eine neue Runde Bier bestellen. Sie unterhalten sich angeregt, sie freuen sich über das Beisammensein. Ich bezweifle, ob sie meine Fragen überhaupt interessieren würden. Sie lassen mich meine Grübelei über verlorene Zeit rasch wieder vergessen. Für den Augenblick, hoffentlich für die nächsten Stunden und die ganze Nacht. Vielleicht auch noch für sehr viel länger.

PAARE

16.1.1998

Zwei Männer, ganz nah beieinander. Ihre Körper in schwarzem Leder. Ihre Köpfe glattrasiert. An den feingliedrigen Händen silberne und goldene Ringen mit bunten Steinen. Männer, die sich bei den Händen halten, mit den Armen umschlingen. Männer, die offensichtlich süchtig aufeinander sind.

Ein anderes Paar in verträumtem Miteinander. Die Frau um die sechzig, mit pelzgesäumtem Hut, malerische Tücher um Hals und Schultern geschlungen. Ein junger, gutaussehender Mann an ihrer Seite, dessen Lippen mit ihrem Hals ganz leise zu sprechen scheinen, ihn liebkosen. Mit Augen, die zärtlich zu lächeln vermögen und zugleich eine seltsame Leere verbreiten.

Nach kaum einer Stunde sitzt die Frau allein am Tisch. Trügerisch waren ihre Gefühle, der junge Mann hat sie wieder verlassen.

Die Frau schlingt ihre Tücher enger um Hals und Schultern, als beginne sie zu frieren. Lange schaut sie auf einen Teller mit Erdnussschalen, als suche sie dort nach einer Erklärung für das unverständliche Geschehen, dabei zündet sie sich eine Zigarette an. Auf einmal reißt sie sich den Pelzhut vom Kopf. Eine graue Haarflut ergießt sich über ihre Schultern. Fast hilflos und scheu, dennoch voller Stolz, sitzt sie da. Die Frau träumt ihrem jungen Liebhaber hinterher.

Währenddessen wollen die leidenschaftlichen Umarmungen der beiden Männer in schwarzem Leder kein Ende nehmen. Trubel und Stimmengewirr vermögen sie in keiner Weise zu stören. Axel lehnt am Tresen und betrachtet etwas gelangweilt das nächtliche Treiben.

EIN GAST BEOBACHTET MICH

17.3.1998

Auch viele Wochen später geht mir jene Frau mit dem jungen Liebhaber nicht aus dem Sinn. Ein Paar, dessen abrupte Trennung mich noch immer beschäftigt. Noch immer sehe ich die Frau vor mir, wie sie den Pelzhut vom Kopf riss, und ihr langes, graues Haar auf die Schultern herabfiel. Suchte sie – allein zurückgelassen – Schutz und Wärme unter der Flut ihrer Haare? War es der verzweifelte Versuch, sich dadurch vom Schmerz der Trennung zu befreien?

Bei meiner Suche nach einer für mich nachvollziehbaren Erklärung für das Verhalten der Frau fällt mir ein Mann auf, der sich kurz zuvor am Nachbartisch niedergelassen hat. Jemand, dessen Blick seitdem auf mich gerichtet ist. Jemand, der mich seitdem beobachtet. Er ist von mittlerer Größe und schlanker Gestalt, in dezente Farben gekleidet, eine elegante Erscheinung. Ich schaue auf ein Gesicht, dessen melancholischer Ausdruck mich berührt. Die Stirn und der Mund sind vom Leben gezeichnet. Seine Jugend ist dahin, das Alter noch weit entfernt.

Der Mann sieht mich eindringlich an. Ich versuche, seinem Blick auszuweichen und mit dem Schreiben zu beginnen. Doch es will mir nicht gelingen. Ich befinde mich in einer Situation, die mich irritiert.

Dabei kommt mir der Gedanke, dass ich selbst bei anderen Gästen vermutlich ähnliche Gefühle auslöse, wenn meine Blicke sie streifen, mehr noch, wenn ich sie direkt anschaue. Denn dies vor allem ist es, was ich will, seit ich an einem grauen Januartag vor mehr als drei Jahren den Zwiebelfisch für mich entdeckte: über das von meinem Tisch aus Wahrgenommene, Gefühlte schreiben. Über Bilder, die dabei in mir entstanden sind. Die nun ihre eigene

Kraft, ihr Licht, ihre Farben in mir entfalten. Bilder, die ich in meine Sprache verwandle.

Ich frage mich: Was mögen die Anderen denken, wie sich fühlen, während ich, in meine Bilderwelt versunken, Notizen mache? Gelegentlich nehme ich ihre skeptischen Blicke wahr, die mich zu fragen scheinen: Schon wieder sitzt er da und schreibt etwa über mich?

Nur selten unterhalte ich mich mit anderen Gästen. Eindrücke in mich aufnehmen will ich und darüber schreiben, dies ist mein vornehmliches Ziel. Das heißt: von den Anwesenden »nehmen«, was ich sehe und über sie denke und empfinde, in dem vor mir liegenden Notizblock festhalten, aber nichts davon an sie zurückgeben. Dabei stellte ich mir bis heute nicht die Frage, ob diese sich durch meine Blicke nicht auch beobachtet und irritiert, durch mein Schreiben nicht auch gestört fühlen könnten. Wie ich es an diesem spätwinterlichen Abend durch die Blicke des Mannes mit dem melancholischen Gesichtsausdruck nun selbst erfahre.

EIN HAUCH VON FRÜHLING

27.3.1998

Eine junge Frau betritt das Lokal, und frischer Wind weht mit ihr herein. Sie bewegt sich leicht und elegant in den nahezu leeren Räumen und erklimmt einen der Barhocker. Verführerisch streift sie mit den Händen über ihren kurzen Rock. Zufrieden sieht sie auf ihre nahezu entblößten Beine, deren silberfarbene Strümpfe ihnen eine vollkommene Form verleihen.

Eine junge Frau an einem kühlen Frühlingsabend, farbenfroh in helles Beige und lichtes Blau gekleidet. Ihre Lippen sorgfältig geschminkt, mit goldenen Ohrringen und einer goldenen Halskette. Faszinierend ihre ausdrucksvollen, türkisfarbenen Augen.

Mit der Frau ist ein Hauch von Frühling in die Räume eingedrungen, in deren Nischen noch immer der Winter nistet. Sie will von mir wissen, wie ich ihre Beine finde. Ohne meine Antwort abzuwarten, zündet sie sich eine Zigarette an. Dabei weicht ihr Blick keinen Moment von den Beinen ab, als sei sie gefangen von deren makelloser Schönheit.

Ein älterer Herr rechts vom Tresen scheint sich in sehnsüchtigen Gedanken zu verlieren. Mit müden Augen schaut er in die Räume und doch voller Verlangen. Was könnte, so frage ich mich, ihn mit der jungen Frau verbinden? Etwa das herausfordernde Lachen der gerade ankommenden Frau mit dem rotem Schal, das Schneisen in das Stimmengewirr schlägt und Brücken zwischen den Anwesenden baut?

Zwei Menschen, die sich – bei aller Unterschiedlichkeit – in ihrem spürbaren Bedürfnis nach Nähe begegnen könnten. Wäre da nicht ein kleiner, gebrechlicher Mann mit einem langen, silbern schimmernder Seidenschal, der sich mühsam durch die von Axel weit geöffnete Tür schiebt, sich an dem nächsten Stuhl festhält, bis er endlich auf einem Barhocker sitzt. Die Frau mit den makellosen Beinen verlässt ihren Platz, breitet die Arme aus, um den Mann zu umarmen. Danach streicht sie sanft über seine schmalen, weißen Hände, umschließt sie behutsam, um sie zu wärmen.

FINSTERE GESPRÄCHE

5.5.1998

Zunächst tauschen die Männer in schwarzem Leinen und Leder
wohl überlegte und sorgfältig formulierte Gedanken aus. An-
spruchsvoll sind ihre Themen, angesiedelt in den Grenzbereichen
zwischen Philosophie, Soziologie und Politik, die sie mit einer Mischung aus kühler Distanz und Leidenschaft diskutieren. Es sind
bemerkenswerte Gedankenkonstrukte, kühne Ideen und Visionen.
Aber da ist auch dieses urplötzlich ausbrechende Lachen. Eine Mischung aus Verachtung und Hohn, auch Verzweiflung, die mich
erschreckt, mich schaudern lässt.

Mit der Zeit rücken ihre Köpfe näher zusammen. Schutz vor den
eigenen Gedanken suchen sie, so will mir scheinen. Sie treiben die
Diskussion voran, dabei beginnen sich die Themen zunehmend
von ihnen zu lösen. Ihre Köpfe senken sich immer tiefer über die
Biergläser. Und ihre Worte verlieren sich in den Räumen.

Die Stimmen der Männer klingen abstoßend. Mit achtlos dahin
geworfenen Namen von Geistesheroen wie Hegel und Schopen-
hauer und Nietzsche. Namen über Namen beschwören sie herauf.
Können sich offensichtlich nicht satt daran hören. Begleitet sind
die Namen von Geschichten und Geschichte, die ihre ursprüng-
liche Bedeutung längst verloren haben. Es sind Proteste gegen
alles und jedes. Mit ihren zitternden Händen versuchen sie, das
Ausgesprochene zu ergreifen und festzuhalten. Doch es will ihnen
nicht gelingen. Ihre Hände krümmen sich verzweifelt zusammen.
Sie greifen ins Leere.

ZEITEN DES FUSSBALLS –
ZEITEN DER FREIHEIT

27.6.1998

Ein verführerischer Zauber hat Berlin ergriffen: Christopher Street Day wird gefeiert. Mit seiner Freude am farbenfrohen Sich-selbst-Erleben, Sich-frei-Fühlen. An keinem anderen Tag im Lauf des Jahres ist für mich so viel Musik, so viel überschäumendes Leben in der Stadt, so viel ansteckende Heiterkeit und Lust am Genießen spürbar. Grellbunt und laut ist sie, sie vibriert. Tanzende Menschen auf den Straßen und Plätzen, die sich lieben. Mit attraktiven Körpern, die oft schrill geschminkt sind.

Die Parade der Homosexuellen und Lesbierinnen und Transvestiten wird gefeiert. Die Parade all derer, die Freiheit in der Gesellschaft suchen. Freiheit für ihr Leben und gegenseitige Toleranz. Denn frei wollen sie sein und glücklich.

Nicht weit vom Zwiebelfisch entfernt hatte die Parade begonnen. Auf den Straßen, die zum Savignyplatz führen, waren seit dem Morgen die Wagen für den Umzug aufgestellt worden. Und die Akteure dieses Tages in ihren fantasievollen Kostümen hatten sich am Tresen für die schweißtreibende Parade mit Getränken versorgt.

Neben all dem Treiben entlang der Umzugsroute erlebe ich gegen Abend in meiner Stammkneipe eine ganz andere Welt. Die Nische links neben dem Eingang – sonst nur besonderen Gästen vorbehalten und bei festlichen Anlässen mit prachtvollen Blumensträußen geschmückt – wurde vor wenigen Minuten für einen Fernsehapparat freigeräumt. Axel hatte ihn gemeinsam mit Bernd dorthin befördert, schwer tragend an dem unförmigen, in die Jahre gekommenen Gerät.

Vorbei ist das gedankenverlorene Rauchen und Trinken, das Diskutieren, Sinnieren und Schweigen, das konzentrierte Schachspiel, die Leidenschaft für Tavli und Domino. Zeitungen werden beiseitegelegt. Und die Gäste – nun allesamt »Experten« – schauen gebannt auf den Bildschirm, um eines der Spiele zur Fußball-Weltmeisterschaft zu sehen. Vor Erregung beschlagene Brillen werden eilig blankgeputzt. Die Biere werden, je nach Gemütslage, schal oder unentwegt neu geordert.

Mitten hinein in das Starren auf die flimmernde Scheibe bricht das Geschrei der selbsternannten »Experten«, als ob sie sich von Zentnerlasten befreien müssten. Nichts mehr zählt nun außer diesem unkontrollierten Herausschreien von Leidenschaft, von tiefem Erschrecken und Triumphgefühl – alles ganz nah beieinander, nur Wimpernschläge voneinander getrennt.

Flapsige Bemerkungen über den Spielverlauf von leicht angetrunkenen Zuschauern. Krampfhaft bemühte Lektionen von anderen, sehr ernst dreinblickenden Fußballkennern. Und erneut diese ironisch-witzigen Bemerkungen, die alles zum Gespött machen wollen.

So meint einer zu seinem wegen der bisher kärglichen Torausbeute unentwegt herummäkelnden Gegenüber: »Geh' doch mal aufs Klo, dann fallen noch ein paar Tore«. Ein anderer zu dem Spiel: »Dranbleiben, Forechecking«. Schließlich kommt es zu einem Duell zwischen Lilli Engel und Raffael Rheinsberg, dem Künstlerpaar. Raffael verteilt mit rauer Stimme verächtliche Kommentare über das »Gekicke« der beiden Mannschaften. Lilli dagegen urteilt mit wohlwollenden, leicht süffisanten Spitzen: So finge es jedes Mal an, das bedeute rein gar nichts. Schwere Säbelhiebe gegen elegantes Florett. Das Wortgefecht endet im Gelächter über eine neuerliche, mit Bravour misslungene Aktion der millionenschweren Edelkicker.

Ganz allmählich breitet sich Müdigkeit aus. Ein letztes Aufbäumen der »Experten« gegen die längst nicht mehr verständliche Dramaturgie des Spiels auf dem grünen Rasen. Erneutes Triumphgeschrei über ein gefallenes Tor. Und dann Stille.

Währenddessen sitzen andere Gäste, die den späten Sommerabend genießen wollen, vor dem Lokal. Wolkengebirge im Osten
wie im Süden, ein Anblick von stiller Größe. Dabei sehe ich jene
Christopher-Street-Day-Feiernden mit ihren fantasievoll ver-
kleideten Körpern und grellbunt geschminkten Gesichtern wieder
vor mir, die inzwischen rund um die Siegessäule tanzen und singen.
Ein alle Sinne ergreifendes Fest, das gegen Mittag, nur einen Stein-
wurf entfernt, begonnen hatte und erst tief in der Nacht enden
wird.

VON DEN ANFÄNGEN
DES ZWIEBELFISCHS

10.7.1998

Donnernde S-Bahnen in Rot und Gelb und dunkelhäutige Prostituierte in Pink und Türkis auf meinem Weg zu einem Gespräch mit Hartmut Volmerhaus über den Zwiebelfisch, von dessen Geschichte ich bisher nur wenig wusste. Pünktlich trifft er ein, wie immer mit schwarzem Hut, einem Kalabreser.

Wir nehmen vor Dieners Tattersall in der Knesebeckstraße Platz – ein Lokal, das es seit den 1950er Jahren gibt, lange Zeit ein begehrtes Ziel der Berliner Prominenz aus Film, Theater und Musik. Wir bestellen Cola und trockenen Weißwein und bis weit in den Abend hinein erzählt mir mein Gesprächspartner von den Anfängen seiner Kneipe und ihren Gästen ...

Der seltsame Name »Zwiebelfisch«: Woher er komme, möchte ich zunächst wissen. In der Buchdruckersprache würden Setzfehler so bezeichnet; auch eine Literaturzeitschrift im Berlin der zwanziger Jahre habe diesen Namen getragen, erklärt er mir. Und stolz fügt er hinzu: Das Lokal habe eine reiche Geschichte und könne viele Geschichten erzählen. In den nächsten Stunden breitet er sie vor mir aus und geht dabei weit zurück. Bis zu den ersten Novembertagen 1967, einer Zeit revolutionären Aufbegehrens einer ganzen Generation.

Mit einem Fleischerladen hatte alles angefangen, gefolgt von der Oranbar, einem Treffpunkt ehemaliger Fremdenlegionäre. Danach kam Herta Fiedler, die Erfinderin des Kneipennamens, der bis heute Neugier und Phantasien zu wecken vermag. Die »Künstlermutter« und Betreiberin der »Kleinen Kreuzberger Weltlaterne« liebte vor allem Maler und Literaten. Und eben all das Volk, das ein Zuhause suchte. Die ersten Pächter waren Dieter Stollenwerk und Heike Adler, andere Pächter folgten.

1969 begann dann die «Ära» von Bernd Fahr, einem Kenner von Friedrich Hölderlin und Gottfried Benn, der in seiner winzigen Küche den »köstlichsten Tafelspitz der Stadt« – so seine Gäste – zu zaubern wusste. Es war eine Zeit der Bildhauer und Architekten, der Journalisten und Schauspieler, der Literaten und Maler. Oskar Huth, den seine Freunde als »freischaffenden Kunsttrinker« liebten, und Paul Gehring kamen, auch der Kommunarde Rainer Langhans mit seinem »Harem«. Markus Lüpertz und Cees Nooteboom, Günther Grass und Hans Magnus Enzensberger, Lilli Engel und Raffael Rheinsberg, der Comedian Harmonist Robert »Bob« Biberti und weitere Persönlichkeiten der Westberliner Boheme gehörten dazu. Die links-intellektuelle Szene traf sich im Zwiebelfisch und ließ ihn rasch zur Legende werden.

Gäste kamen und gingen. Sie waren wie Licht und Schatten, die beständig wechseln. Sie blieben für einige Zeit, dann blieben sie fern. Manche gingen, ohne irgendwelche Spuren zu hinterlassen.

Nach in künstlerischer Hinsicht reichen, wirtschaftlich jedoch zunehmend schwierigen Jahren des »dicken Bernd« kam der Tag der Übernahme durch Hartmut Volmerhaus. Er hatte an der Freien Universität Politologie studiert, nun war er auf der Suche nach einem neuen Leben. Kneipier wollte er werden, und er erfüllte sich diesen Wunsch in einer Straße, die damals voller Zocker war. In einem Lokal mit einer heruntergewirtschafteten Küche, deren Entsorgung nach der Übernahme im Jahr 1982 noch Tage in Anspruch nehmen sollte. Dieser Mann sitzt mir an einem späten Sommernachmittag nun gegenüber und überrascht mich mit immer neuen Geschichten …

Die Wiedereröffnung des Zwiebelfischs war am 16. August 1982, nachdem am Tag zuvor Bernd Fahr mit dreihundert Persönlichkeiten von Rang und Namen seinen Abschied gefeiert hatte. Nach der Entgegennahme des Schlüssels um zehn Uhr am nächsten Tag begann das Putzen. Dabei tauchte der neue Wirt auch unter eines der Regale hinter dem Tresen und entdeckte Weinflaschen, »die seit dreizehn Jahren nicht mehr bewegt worden waren«. Mitten hinein in die Arbeit kam der Anruf, dass seine Mutter im Sterben lag. Und so wurde das Lokal zunächst ohne ihn eröffnet.

Entgegen der Absprache mit dem Wirtschaftsamt, die Räumlichkeiten erst zwischen Weihnachten und Neujahr zu renovieren, meldete sich Ende September die Gewerbepolizei. Sie stellte fest, dass die Kneipe keine Konzession hatte. Der Überbringer der unerfreulichen Nachricht war »Porno-Müller«, in einschlägigen Kreisen so genannt wegen einer von ihm vor Jahren organisierten zentralen Razzia gegen alle Porno-Läden der Stadt.

Umfangreiche Renovierungen und Umbauten folgten, allen voran die Toilette mit Pissrinne, an deren lindgrüner Wand sich zahllose Besucher verewigt hatten. Wie mein Gesprächspartner süffisant bemerkte, wäre die »gehobene Schweinerei« es wert gewesen, veröffentlicht zu werden. Beim Renovieren wurde auch Anderes sichtbar: Tapeten hinter dem Tresen, die das alte Bar-Interieur zeigten, mit tanzenden Paaren in Schwarz auf weißem Grund und umgekehrt. Drei Wochen später war dann die erneute Eröffnung.

Hartmut Volmerhaus erinnert sich an seine ersten Gäste, ihre Botschaften an den Wänden und viele andere Spuren, die sie hinterlassen haben. In jenen Jahren war der Flipper ein Lebenselixier für manchen Besucher. Für Künstler und Literaten, für Journalisten und Schauspieler schien er das Zentrum all dessen zu sein, was Leben verhieß. So war er auch der Lieblingsort von Bruno Ganz, der viele Jahre später in einem Film von Wim Wenders als Engel über dem Himmel von Berlin schwebte. Es kamen die Kartenspieler, die Zocker, die aus glorreichen Jahren Zurückgebliebenen. Auch jene Lena in schulterlangem, dunkelbraunem Haar und Ulrike in leuchtendem Blond. Ganz gleich, wer kam: »Menschlich« waren sie und »ganz einfach lieb«, wie mein Gegenüber sie beschreibt.

Es war eine Zeit mit unvergesslichen Festen. Wegen der schwer lastenden Hypothek nach der Übernahme des Zwiebelfischs wurden sie »Überlebensfeste«, auch »Stiftungsfeste« genannt. Aber bis zum ersten dieser Ereignisse hatte der neue Wirt an alten wie neuen Gästen noch »schwere Erziehungsarbeit« zu leisten, wie er es rückblickend ausdrückt. Oft illuster waren seine »Opfer«. Auch Lilly Engel und Raffael Rheinsberg gehörten für eine Zeitlang zu den »Auserwählten«. Bei Raffael Rheinsberg zeigte seine »Arbeit« bemerkenswerte Wirkung. Eines Tages, während eines heftigen Streitgesprächs mit Walter Aue, dem Schriftsteller, und anderen über die Frage, was Kunst ausmache, beugte er sich auf einmal besorgt zu dem »Kneipenerzieher« hinüber: »Sind wir etwa zu laut?« Für diesen war es ein untrüglicher Beweis für den Erfolg seiner pädagogischen Bemühungen. Auch Lilli Engel bestand die »Prüfung«. Das kurz darauf stattfindende erste »Stiftungsfest« war für sie »der schönste Tag in zwanzig Jahren Zwiebelfisch«.

Ein weiteres »Opfer« war die rothaarige Sigrid, »ein Ausbund an Schönheit, Intelligenz und Erotik«, wie er sich schmunzelnd erinnert. Sie mochte, so ihr Wunsch, nicht mehr von »Vollidioten und Faschisten« bedient werden. Sein damaliger Kommentar: »Helfen wir ihr dabei«.

Von einem Wissenschaftler, Rüdiger Safranski, weiß er zu berichten, der hier Teile seiner viel beachteten Arbeit über Friedrich Nietzsche geschrieben habe. Auch von einem führenden Donaldisten, Wolfert von Rahden, der zur Zeit an seinem Lieblingstisch im linken Raum seine Habilitationsschrift über ein Thema in Linguistik fertigstelle.

Mit sichtlichem Vergnügen kommt er dann auf Sprotte zu sprechen, einem der noch Jungen in der Zwiebelfischtruppe. Quietschenden Kinderwagen pflegte er gern hinterherzulaufen, mit einer kleinen Ölkanne in der Hand, um ihre Räder zu schmieren. Dabei ereignete sich auch die Geschichte mit einem Behinderten im Rollstuhl. Ein Reifen war platt. Sprotte hob den Mann auf einen Stuhl, den er für ihn auf dem Bürgersteig bereitgestellt hatte und machte sich ans Reparieren. Um etwas verlegen feststellen zu müssen, dass er an diesem Tag keine Gummiflicken bei sich hatte.

Und die Künstler, die Maler und Bildhauer und Schriftsteller jener Jahre? Viele sind geblieben, wie Lilli Engel und Raffael

Rheinsberg, Natascha Ungeheuer und Johannes Schenk, Jens Jensen und Walter Aue. Einige von ihnen treffe ich häufig an. So Raffael Rheinsberg, einen bäuerlich wirkenden Mann, der sich darüber ereifern kann, dass er einmal aus der U-Bahn »wie ein kleiner Verbrecher« abgeführt wurde, als er versehentlich seine Karte vergessen hatte. Ein Mann mit urtümlicher Kraft, der vor Jahren auf einer Reise mit der transsibirischen Eisenbahn Relikte aus dem Russland vor der Perestroika sammelte. Der auf seinen weiten Reisen, selbst bei kleinen Spaziergängen, Gegenstände aus Müll und eisernem Schrott findet, die für ihn mit ihren jeweils besonderen Formen und Farben eine eigene, poetische Sprache haben. »Mysteriöse Hieroglyphen«, die von Zeit und Raum berichten, die von sich selbst erzählen. Ein Künstler mit der Tuchfühlung zum Handarbeiter, zum Handwerker, der Wahrnehmung verändert, sie frei werden lässt und neu zusammenfügt.

Oft begegne ich auch Walter Aue, der es liebt, Hemden in kornblumenblau und pompejirot zu tragen. Blau sind seine Augen, in denen ich das Licht der geliebten Provence wiederzufinden glaube. Seine Stimme ist voller Musik und Poesie. Ein Schriftsteller, der wunderbar erzählen kann. Mit einer Sprache voller Sinnlichkeit, in der ich mich zu Hause fühle. Ein Mann, der nach ein oder zwei Glas Bier seine mitgebrachten Bücher und Zeitungen und Notizzettel in einer Leinentasche verstaut. Und, nur flüchtig grüßend, wieder das Lokal verlässt.

Viele andere Individualisten, die Flippersüchtigen und -geschädigten, die Spieler von Tavli und Backgammon sind mir längst vertraut, auch die Tagträumer und Nachtschwärmer.

Von den Anfängen des Zwiebelfischs hat mir Hartmut Volmerhaus erzählt. Vieles mir noch Unbekanntes habe ich von ihm erfahren, mehr noch möchte ich über seine Kneipe wissen. Als wir uns verabschieden, rattern die S-Bahn-Züge in Rot und Gelb über die Brücke am Savignyplatz.

SOMMERSTURM

12.8.1998

Seit Wochen schauten die Berliner frustriert in den regenfeuchten Himmel. Und alle sprachen vom Wetter. Von der Nässe und Kälte, von den bereits befürchteten Vorboten eines all zu früh beginnenden Herbstes. Die Tage waren trübe, ohne Licht. Die Passanten schienen ohne Leben. Kaum eine angeregte Diskussion in den Lokalen, kaum ein Lachen. Kein Leuchten in den Augen.

Aber längst nach der Sommersonnenwende kam dann doch noch die Hitze. Gleißendes Licht und rasch zunehmende Temperaturen nahmen die Stadt gefangen. Binnen weniger Stunden war alles nackt und rot: die Arme und Schultern, die freien Rückenpartien und Beine der auf dem Savignyplatz vorbeischlendernden Spaziergänger. Völlig unvorbereitet wirkten sie, wurden geblendet von der Sonne. Sie wirkten wie gelähmt. Kaum mehr standhalten konnten sie der strahlenden Helligkeit. Ihre Körper öffneten sich in schwitzender Hilflosigkeit. Gläser mit Bierresten in den Händen, ging Axel oft zu den Blumen und Sträucher in dem kleinen, von ihm liebevoll umsorgten »Kneipengarten«, um sie vor dem Vertrocknen zu bewahren.

Der stürmische Wind tat ein Übriges: Zum Träumen, zum Taumeln konnte er die Menschen bringen. Schon am Morgen wehte er die ausgetrockneten Äste der Bäume gegen die Häuser. Auch mittags ließ der Wind nicht nach. Und selbst tief in der Nacht, als ein riesiger rotgelber Vollmond zwischen Kaminen und Dachleitern hochstieg, wehte er mit unverminderter Stärke. Kein Atemholen ließ er zu, ganz so, als ob keine Zeit zu verlieren sei bis zu den ersten Nächten mit Tau am Morgen.

Ein schweres Gewitter hat den Sommertraum hinweggefegt.

Vertrieben wurden die Gäste des Zwiebelfischs in ihren farbenfrohen, leichten Kleidern. Die Kinder, die zwischen den Stühlen umhergetobt hatten. Das blonde Mädchen, das mit seinem unentwegten »Hallo« die Stammgäste und andere Besucher erfreut hatte. Der schweißüberströmte Wirt, der mit seiner Tochter ein Tänzchen gewagt hatte. Die Damen aus den nahegelegenen Etablissements, die häufig für ein erfrischendes Getränk gekommen waren. Sie alle hatten in großem Sommerglück gelebt. Mit aufglühenden Farben und atemberaubenden Winden. Doch ein Gewittersturm hat alles Sommerglück jäh beendet.

Eine Frau mit langem, blondem Haar und lindgrünem Mantel öffnet die Tür, und mit ihr dringt belebende Frische in die Räume. In der Zwischenzeit haben sich am südlichen Himmel neue Unwetter aufgebaut. Tiefschwarz die Wolken, von Blitzen durchzuckt. Wild und gefährlich.

BERND

6.10.1998

Schon während meines ersten Besuchs des Zwiebelfischs im Januar 1995 fiel er mir auf. Seitdem hat sich manches verändert, aber Bernd ist geblieben. Hinter dem Tresen schenkt er Bier- und Weingläser ein und spült sie anschließend mit ausgesprochener Sorgfalt. Er bereitet die Bestellungen vor und oft bringt er die Getränke und Speisen selbst zu den Gästen.

All dies geschieht mit unermüdlicher Emsigkeit, gleichbleibender Freundlichkeit, erstaunlicher Geduld und einem stets sanften Lächeln. Und wenn es die Arbeit erlaubt, zieht er sich mit einem Bier an seinen Lieblingsplatz am Tresen zurück.

Bis auf die Schultern fällt sein dunkelblondes Haar herab, das er in diesem Sommer zum Entzücken Aller auf das Modischste hat zurechtschneiden lassen. Er trägt ein weißes, gelegentlich auch rosa-braun-graues, weit geschnittenes Hemd und dunkelblaue, verwaschene Jeans. An den Füßen handgestrickte Socken, dazu passend bequem geschnittene Sandalen.

Sein Wohnzimmer ist diese Kneipe. Meist gegen Mittag kommt er an und bleibt bis zum Abend, manchmal auch die ganze Nacht. Wenn er nicht hinter dem Tresen arbeitet, liest er gern in diversen Zeitungen und Zeitschriften und genießt sein Bier.

Bernd ist ein Mann, der mit seinen wasserblauen Augen und einem sanften Lächeln Träume in die Räume zaubert. Der fühlen macht, dass es sich hier gut leben lässt.

Auch heute ist Bernd da und wartet auf neue Bestellungen. Eine leicht angetrunkene Frau am Tresen sieht zu mir herüber. Sie versucht, mit mir ins Gespräch zu kommen. Nachdem ich ihr bedeutet habe, allein bleiben zu wollen, bestellt sie ein weiteres Glas

Wein. Bernd, der die Szene aufmerksam beobachtet hat, greift zum Bier und zur längst zerlesenen Zeitung, um seine geliebten Kreuzworträtsel zu lösen. Dann schaut er still in die Räume, die sein Zuhause sind.

ICH VERSUCHE MICH ZU ERINNERN

17.11.1998

Der junge Mann am Tresen ist mir irgendwie vertraut, aber ich weiß nicht, woher ich ihn kenne. Die Art, wie er lächelt, das Herabfallen des linken Mundwinkels über einem Kinn, das im Vergleich zu den großen, dunklen Augen erstaunlich klein wirkt – all dies glaube ich zu kennen. Dennoch weiß ich nicht, woher.

Sein Gesicht habe ich schon einmal gesehen, da bin ich mir sicher. Ich sehe die dunkle Jacke mit dem hochgestellten Kragen, die verwaschenen Jeans, die braunen Stiefel. Ich sehe die leicht vornüber gebeugte Haltung seines schlanken Körpers – all dies ist mir vertraut. Und doch komme ich bei meiner Suche nicht weiter. Ein Umstand, der mich beunruhigt.

Einen Menschen erkennen heißt für mich, ihn einer konkreten Situation, oder – besser noch – einem bestimmten Namen zuordnen können. Erkennen an der Stimme, an einer typischen Geste der Hände, einer unverwechselbaren Art, sich zu bewegen, zu gehen, zu sprechen, zu schauen. Es gibt so vieles, was mit einer Person unverwechselbar verbunden sein kann.

Mit wachsender Unruhe suche ich nach einer Verbindung zwischen dem jungen Mann – der mich anschaute, als ob er mich nie zuvor gesehen hätte – und einem bestimmten Erlebnis, das mir helfen könnte, endlich zu wissen, woher ich ihn kenne. Aber es will mir nicht gelingen.

In mein vergebliches Suchen fällt endlich Licht. Ich erinnere mich an Besuche vor einigen Jahren, als brütende Sommerhitze mir das Schreiben schwer machte. Auch damals arbeitete er im Zwiebelfisch. Und immer fragte er mich mit seiner weichen, italienisch klingenden Stimme, ob ich »noch ein Glas Wein vom selben« wolle. Dabei schaute er mich etwas unsicher an, obwohl er wahrscheinlich längst wusste, was ich bestellen würde.

ANKOMMEN KÖNNEN UND VERTRAUTHEIT FINDEN

20.11.1998

Der Zwiebelfisch ist ein Ort für Menschen, die »ankommen« wollen. Die allein sind und auf eine Begegnung mit anderen hoffen. Die um sich schauen und mit jemandem sprechen möchten.

Dabei denke ich vor allem an die Stammgäste, die regelmäßig einen Teil des Tages am Tresen oder an ihren Lieblingstischen verbringen und allein oder mit Freunden ihr Leben genießen. Ich denke an die, welche mit leeren Blicken einen Hocker am Tresen erklimmen und dem ersten Glas Bier oder Wein entgegenfiebern. Die kein Gespräch mit anderen suchen, die keinen Gedankenaustausch wollen.

Ich denke an diejenigen, die sich für eine begrenzte Zeit an diesem Ort eine ganz persönliche Bühne verschaffen, um sich zu präsentieren. Die sie schon bald wieder verlassen und danach oft nicht mehr wiederkommen.

Ich denke an Fremde, die leuchten wie geheimnisvolle Sterne: die Blumenverkäufer, die Verkäufer von exotischen Seidenstoffen und Zeitungen und die Musikanten. Fremde, die ihr Leuchten für kurze Zeit in den Räumen verbreiten und sie wenige Minuten später wieder verlassen.

Doch nicht wegen dieser ganz unterschiedlichen Besucher fühle ich, dass ich im Zwiebelfisch »angekommen« bin und mich heimisch fühle. Es sind Menschen wie Axel und Bernd, die ich hier regelmäßig antreffe. Die sich mit einem Glas Bier in der Hand an die Wände lehnen. Die in seltsamer Verschworenheit zu der verräucherten Luft und der Musik aus den Lautsprechern gehören. Die bei mir ein Gefühl von Vertrautheit entstehen lassen.

So wie die alten Tische und Stühle. Tische, deren Standfestigkeit Axel regelmäßig durch Bierdeckel mit viel Hingabe zu verbessern sucht. Und so manche Stühle, die altersschwach wirken, wackelig. Und dennoch von mir – wie von anderen Gästen – geliebt.

Die teils witzigen, teils skurrilen Gegenstände im Altberliner Buffet über dem Tresen gehören dazu. Ebenso die vielen Plakate von Ausstellungen Berliner Künstlerinnen und Künstlern in Galerien, die starke Gefühle auslösen können und Abgründe sichtbar machen. Mit Botschaften, die gleichsam über Tischen schweben, an denen Skizzen von Malern, auch Literatur von Schriftstellern und Werke von Wissenschaftlern entstanden sind.

Ankommen können und Vertrautheit finden – während ich darüber nachdenke, was für mich dabei wesentlich ist, spricht mich der »bleiche Zyniker« an, er wirkt volltrunken. Als ich am Tresen um ein weiteres Glas Wein bitte, streckt er mir seine fleischige Hand entgegen. »Thomas von Aquin« – so stellt er sich mir vor. Danach versinkt er in Schweigen. Es ist eine Begrüßung, wie sie in einem anderen Berliner Lokal kaum vorstellbar wäre. Ein Erlebnis, das in mir das Gefühl von besonderer Verbundenheit mit diesem Ort hat entstehen lassen.

Auf meiner Suche wird mir jedoch immer mehr bewusst, dass es vor allem die einfachen Gesten von Menschen sind, die diesen Ort für mich haben vertraut werden lassen. Ihre leicht erhobene Hand, ihr Blick, ihr freundliches Lächeln, mit denen sie mich begrüßen. Auch ihre oft anrührende Hilflosigkeit, ihr Alleinsein. Oder Axels spöttische Bemerkung, ich sei mit meiner »Schreiberei« ja noch immer nicht zu Ende. Und seine liebevoll-schnoddrige Entschuldigung für den versehentlich verschütteten Wein, den er an meinen Tisch gebracht hatte.

DRITTER ADVENT –
REGEN UND STURM

13.12.1998

Ein Märchen aus Eis und Schnee, mit Kälte und Winden aus Nordost. Vorweihnachtliche Winterträume, welche die Stadt zum Leuchten gebracht haben. Eine Nacht mit Sturm und Regen hat dann alles wieder zerstört. Nun tropft es nass von den Dächern und Mauern und Bäumen. Großstadt von ihrer hässlichsten Seite an einem lichtlosen Nachmittag des dritten Advent.

Von meinem Tisch im Zwiebelfisch aus sehe ich dahinschwebende schwarze Regenschirme. Wasserpfützen, in denen sich Lichter aus den reich dekorierten Schaufenstern spiegeln. In meiner Nähe lässt ein kleines Kind mit roter Wollmütze sein gelbblaues Plastikauto mit sichtlichem Vergnügen gegen Stühle und Beine der Gäste rasen.

Bei jedem Aufprall freut es sich über ihre erschrockenen Blicke. Blicke, die sich mit denen des Kindes über Biergläser und Terrinen mit der legendären Zwiebelsuppe und Chili con Carne hinweg treffen. Und die sich überraschend schnell miteinander anfreunden.

WO KANN ICH
VON WEIHNACHTEN TRÄUMEN?

14.12.1998

Vor Tagen noch hatte Schnee die Stadt eingehüllt. Sie mit dem Licht der vorweihnachtlichen Verführungen verzaubert, um die Menschen auf jenen einzigen Abend des Jahres vorzubereiten, der Ruhe und Frieden verkünden soll.

Statt des von den Meteorologen angekündigten Blitzeises und neuerlichem Schnee war jedoch ein Regensturm über Straßen und Plätze hinweggefegt. Er hatte die Pracht von Schnee und Eis jäh versinken lassen. Und mit ihm all die konsumhörige, vorweihnachtliche Rührseligkeit beiseite geschwemmt. Kein Schnee mehr, in den sich Kinderaugen hineinträumen können. Keine gefrierende Luft, die Wärme und Geborgenheit suchen lässt. Stattdessen Regenpfützen, über denen sich die kahlen Äste der Bäume ausbreiten.

Und das Weihnachtsfest, von dem ich so gerne träume – wo kann ich es nun finden? Könnte es sein, dass es erst des Sturms und des strömenden Regens bedurfte, um Augen und Seelen für die bevorstehende Zeit zu öffnen?

Weihnachtsträume also inmitten von kahlen Bäumen, inmitten von nassem Asphalt und Pfützen? Es fällt mir ziemlich schwer, mir das vorzustellen. Sollte ich jenes Kind danach fragen, das gestern am Spätnachmittag mit seinem Plastikauto durch die Räume getollt war? Oder Axel, der heute Kreuzworträtsel löst und in einem dicken Lexikon nach Antworten sucht? Vielleicht den kleinen Mann, der sich vor ein paar Minuten mühsam durch die Tür zum Tresen bewegte, und dessen langer, silberfarbener Seidenschal wie der Schnee der letzten Tage leuchtete?

Oder sollte ich mich am besten an den schwarzhaarigen Mann wenden, der niemals spricht? Der ganz still seine kleinen Tiere – Bären und Hunde und Katzen und Eulen – auf den Tischen verteilt. Der alle Tiere wieder einsammelt, denn kaum jemals wurde ich Zeuge eines Kaufs. Vielleicht vermag er mir mit seinem Schweigen am ehesten eine Antwort darauf zu geben, wo meine Träume von Weihnachten mit seinen wundersamen Verheißungen in Erfüllung gehen können. An diesem Abend kurz vor dem Fest, umgeben von schmelzendem Schnee und vor Regen triefenden Bäumen.

AUGEN – BLICKE

17.12.1999

Mal wirken sie müde, dann wieder hellwach. Ruhelos suchend, ohne Ziel. Mal ohne Glanz, dann wieder voller freudiger Erwartung, voller Licht. Mal verschlossen für Anderes, dann wieder offen für Neues, Fremdes.

Ich sehe die Augen der Stammgäste bei ihrem Spiel mit den Tavli-Steinen; mit Königen und Bauern; mit den Karten, die sie auf den Tisch knallen. Bei dem Bemühen, sich im Spiel ganz zu verlieren und dadurch alles beiseite zu schieben, was sie außerhalb dieser für sie magischen Stunde belasten könnte.

Ich sehe den Trinker mit seinem starren, unzugänglichen Blick. Die Malerin, die mit prüfenden Augen unablässig nach Motiven für ihre Arbeit sucht. Den Wissenschaftler und Vieldiskutierer mit den hellwachen Augen, der sich an seinen eigenen Reden berauscht. Den Mann, der es sichtlich genießt, seine sonnengebräunten, muskulösen Arme auf den Tresen zu legen und dabei herausfordernd in die Runde schaut.

Ich sehe Augen, die plötzlich zupacken. Die tief eindringen in die Köpfe und Seelen und Körper anderer. Die in Sekundenschnelle wieder loslassen, sich abwenden und gleichgültig umher-schweifen. Um wenig später ihr verführerisches Spiel von Neuem zu beginnen.

Noch in Gedanken bei den vielen Möglichkeiten, wie ich während der vergangenen Jahre die Augen und Blicke von Besuchern wahrgenommen habe, sehe ich den kleinen Mann mit dem langen, silbern-glänzenden Seidenschal, der sich durch die kurze Wegstrecke bis zum Tresen quält, um dort endlich den Barhocker zu erklimmen. Mit Augen, die seine körperlichen Gebrechen vergessen lassen. Dunkel leuchten sie im Abendlicht. Sie drücken gleichermaßen Trauer und Freude aus, wenn er spricht. Sie verströmen so viel Leben.

Auf einmal erhebt der große Mann im linken Raum sein alkoholmüdes Haupt. Und für Momente öffnet er seine Augen, um zu dem kleinen Mann auf dem Barhocker hinüber zu grüßen.

WEIHNACHTEN IST BEISEITE GERÄUMT

7.1.1999

Klirrende Kälte ist für die Nacht angekündigt. Die letzten Reste der inzwischen graubraunen Weihnachtsbäume werden vom Wind gegen geparkte Autos geweht.

Die Straßen und Bäume mit ihren unzähligen Lichtergirlanden, die von Angeboten überquellenden Schaufensterauslagen, die Cafés und Bars, die Kneipen und Restaurants – all diese Orte haben ihren festlichen Glanz, ihre Farben, ihre Wärme verloren. Sie wirken nun seltsam nackt und kahl. Weihnachten ist beiseite geräumt. An diesem winterlichen Abend nach dem Dreikönigstag.

Vorbei sind die Wochen mit ihren unablässig erklingenden Weihnachtsliedern und grellbunter Werbung. Vorbei die Gier nach immer neuen Umsatzrekorden, erzeugt von einer Industrie, welche die Sehnsucht der Menschen nach Frieden und Wärme und Geborgenheit geschickt für ihre Zwecke zu benutzen versteht. Ich fühle mich erleichtert, wie befreit. Ich empfinde aber auch eine seltsame Leere. Denn ohne Licht, ohne Farben ist nun die Stadt. Straßen und Plätze sind in trostloses Grau getaucht.

Lichtlosigkeit und Kälte und Tristesse dieser nachweihnachtlichen Tage beherrschen meine Gedanken und Gefühle. Auch meine Sehnsucht nach einer Botschaft, die neues Leben verheißt. Dabei fallen mir Besucher auf, die hoffnungsvoll durch die breite Glasfront hinausschauen. Vielleicht suchen sie ein erstes zartes Grün an den Bäumen, Lauben und Blumenrabatten, über die sich in der Nacht eisige Kälte legen wird.

AUF DEM WEG ZUM SAVIGNYPLATZ AM FRÜHEN MORGEN – EINE ERSTE AMSEL

14.1.1999

Verschlossen wirken die Gesichter der Menschen. Mit dicken Mützen, Jacken und Mänteln versuchen sie, sich gegen die Kälte zu schützen. Gegen den Schnee, der in der Nacht gefallen ist. Gegen das allmählich erwachende Leben. Sie gehen mit eiligen, eher hastigen Schritten. Für mich ein seltsamer Widerspruch zu ihren Gesichtern, in denen ich eine seltsam gefrorene Ruhe zu entdecken glaube.

Sie gehen dicht an den Häusern entlang, als ob sie an den Mauern Halt suchen wollten. Ihre Stiefel graben sich tief in den Schnee ein. Auf dem bläulich schimmernden Eis gleiten sie aus.

Da höre ich hinein in Kälte und Dunkelheit und Stille – einem Winterwunder gleich – den Gesang einer Amsel. Ich kann sie nicht sehen. Wahrscheinlich sitzt sie auf irgendeinem der nahegelegenen Dächer. Die Häuser fast ohne Licht, feindseligen Burgen gleich. Aber da ist diese Vogelstimme! Dieser zunächst verschlafene, leise, dann zunehmend kraftvolle Gesang einer Amsel. Eine herrlich klingende, jubilierende Botschaft hinauf in den noch dunklen Himmel. Hinab auf die Straßen. Die Menschen erreichend. Ihre Augen und Ohren. Ihre Gesichter. Ihre Körper. Eine Botschaft der Hoffnung an diesem frühen Morgen mit Schnee und Eis. Auf meinem Weg zum Savignyplatz.

DAS LETZTE FEST

16.1.1999

An einem mehrere Jahre zurückliegenden späten Sommertag hatte ich vor dem Zwiebelfisch Frauen und Männer in schwarzer Kleidung angetroffen. Sie hatten einen Freund zu Grabe getragen. Danach tranken und tanzten sie.

Heute ist wieder Schwarz in die Kneipe eingedrungen, hat sie darin eingehüllt. Ein Galerist, langjähriger Stammgast, ist gestorben. Und alle sind gekommen: die Maler und Bildhauer und Professoren der Hochschule der Künste, die Buchhändler und Galeristen, die Besitzer der umliegenden Bars, Cafés und Restaurants, die gedankenvollen Philosophen, die wort- und sprachgewaltigen Journalisten und Schriftsteller. Die Freunde. Eben all jene, die sich an diesem Tag dem Verstorbenen verbunden fühlen.

Die Frauen mit großen Hüten, langen, engen Röcken und weit ausgeschnittenen Pullovern. Eine von ihnen, der ich schon des Öfteren begegnet bin, fragt mich: »Hast Du nicht schon genug aufgeschrieben? Willst Du nicht mitfeiern?« Ohne meine Antwort abzuwarten, umarmt sie einen der Männer, die neben ihr stehen. Keineswegs enttäuscht von ihrem Verhalten, wende ich mich wieder meinen Notizen zu. Will auf meine Weise eintauchen in diese Stunden gemeinsamen Feierns. In eine Nacht voller Trauer und wehmütiger Erinnerungen, aber auch ungebrochener Lebenslust.

Frauen in erotisch wirkendem Schwarz, mit hennarotem Haar, blicken Männer in ihrer Nähe herausfordernd an, streichen mit den Händen über ihre Augen und Lippen. Sie nehmen sich Männer für den Abend, für die ganze Nacht. Wie damals, als der Zwiebelfisch sein »Dreißigstes« feierte, sind diese Frauen für mich das eigentliche Ereignis des Festes.

Und die Männer der Trauergesellschaft? Einige mit glänzenden Halsketten, mit Armreifen und Ringen am kleinen Finger der linken Hand. Fast alle tragen Anthrazit oder – wie die meisten Frauen – Schwarz, ihre Anzüge und Sakkos auffallend modisch geschnitten. Und doch wirken sie im Gegensatz zu den Frauen auf mich seltsam »farblos«. Nur einer, der sich mit eleganten Bewegungen eine Sitzgelegenheit zu verschaffen sucht, wird mir im Gedächtnis haften bleiben. Den jungen Gerard Philipe glaube ich vor mir zu sehen und denke dabei an eine seiner Glanzrollen in »Fanfan, der Husar«. Dasselbe Profil, derselbe verwegene Gesichtsausdruck, dasselbe verführerische Lächeln. So ganz anders ist er, als die behäbig wirkenden älteren Männer. Wenig später ist er mit einem vielsagenden Blick verschwunden. Ob er wohl von einer schlaflos-glücklichen Nacht träumt?

Mitten im Gewühl und Stimmengewirr steigt ein alterslos wirkender Mann, der mich an einen Schauspieler im Berliner Ensemble erinnert, auf einen Stuhl. Er singt Lieder und rezitiert Gedichte von Berthold Brecht, dann Texte von Heiner Müller. Ein Poet, der seine Stimme erhebt. Alle singen mit. Viele umarmen und küssen sich. Manche weinen. Vielleicht fragen sie sich, wann sie ihre Freunde wiedersehen werden.

Der Wissenschaftler mit der alten Ledertasche hat sich wieder an seinem Tisch in der linken Ecke des Raums neben dem Tresen niedergelassen, an seinem Ort der Ruhe. Und nun diese lärmende Gesellschaft! Er kann sich auf die sofort ausgebreiteten Bücher und den Terminkalender nicht konzentrieren. Sichtlich irritiert blickt er auf die vielen Gäste, die aus einem traurigen Anlass zusammengekommen sind und nun feiern. Dies miteinander zu vereinen, ist ihm nicht möglich. Er kann es nicht begreifen, es ist ihm fremd.

Währenddessen lehnt Axel an der Wand und schaut gelangweilt in die Runde.

DER ZWIEBELFISCH UM SECHS

9.2.1999

Am Abend zuvor hatte ich in der Philharmonie das 9. Klavierkonzert in Es-Dur »Jenamy« von Mozart gehört – häufig wird es auch »Jeunehomme« genannt. Sein letzter, pure Lebensfreude verkündender Satz klang noch immer in mir nach, als ich zu früher Stunde durch die noch dunklen Straßen ging. Alles war sanft und still. Nur jene Amsel auf einem Dach in der Nähe des Savignyplatzes hatte wieder mit ihrem Gesang begonnen. Nicht sichtbar, von Wind und Schnee umweht.

Im Zwiebelfisch treffe ich betrunkene Männer in Lederjacken und mit kahlgeschorenen Köpfen an, die sich mit Bierstemmen und Fingerhakeln die Zeit vertreiben. Offensichtlich suchen sie Streit, wollen ihre aus der Nacht verbliebenen Kräfte aneinander messen. Die Frau der Nachtschicht im kleinen Schwarzen geht mit klaren, unmissverständlichen Worten dazwischen.

Die Männer mit den breiten Rücken und muskulösen Armen, die dabei waren, ihre Fäuste zu schwingen, ziehen die Köpfe ein und werden ganz klein. Wenig später verlassen sie schwankend den Tresen, dem grell zuckenden Licht der Schneeräumfahrzeuge entgegen.

Und der Zwiebelfisch, dieser Ort zwischen zwölf und sechs, schließt seine Augen. Er ruht sich aus von einem langen Tag, der erst jetzt zu Ende geht.

ASCHERMITTWOCHMORGEN

17.2.1999

Die Passanten schauten gleichermaßen verwundert und erfreut auf den Traum aus frisch gefallenem Schnee, der ein Gefühl von Geborgenheit vermittelte. Doch dieser Traum war nur von kurzer Dauer.

Berge von Schnee häuften sich auf Straßen und Plätzen. Daher hatte vor kaum einer Stunde die Berliner Stadtreinigung mit ihrer Arbeit begonnen. Denn beschlossen war: Der Schnee muss weg! Und so siegte sehr rasch das Diktat des Verkehrs. In graubraunen Brei, in trübes Wasser und Schmutz verwandelte sich, was Nachtstunden so rein und die Stadt so wundervoll leuchtend geschaffen hatten.

Wieder war ich auf dem Weg zum Savignyplatz, um meinen Wagen abzuholen, den ich dort wegen des starken Schneefalls am Abend zurückgelassen hatte. Ich traf auf verdrossen durch den Matsch stapfende Menschen, die zur Arbeit gingen. Auf Nachtschwärmer, die der nächsten Bar entgegenstrebten und auf die letzten Karnevalisten, die auf der Straße tanzten und rheinische Lieder sangen. Ich traf den ersten privaten Schneeschieber auf dem Bürgersteig und lustlose Schneeräumer der Stadtreinigung. Eine Mischung aus Pflichtbewusstsein, Verdrossenheit und purer Lebensfreude – an diesem frühen Morgen ganz nah beieinander.

Da vernahm ich aus der Ferne die Glocke einer Kirche. Hart war ihr Klang und fordernd ihr Ruf. Streng und ernst die Botschaft von der knapp bemessenen Zeit unseres Lebens. Verbunden mit der unverhohlenen Warnung vor Düsternis und Qualen, die allen widerfahren werden, die sich dieser Botschaft verschließen. Ich hörte den Glockenklang und glaubte, sie vor mir zu sehen: die vermeintlichen Sünder, die noch Stunden zuvor die Freuden von Fasching und Karneval genossen hatten. Zur Reue und Buße wurden sie gerufen, und sie kamen aus allen Richtungen.

Das Schneetreiben war dichter geworden, groß und nass die Flocken. Die Glocke war verstummt. Dennoch gingen meine Gedanken an die in der Kirche Büßenden weiter ... Wie sie am Ende der Messe vom Priester das schwarze Kreuz auf ihrer Stirn empfingen. Wie sie mit gesenkten Köpfen auf ihre Bänke zurückkehrten und niederknieten. Wie beim Verlassen der Kirche dann der schwere, feuchte Schnee unablässig auf sie herabströmte und sich mit dem Aschekreuz auf ihrer Stirn zu vermischen begann.

Die Gläubigen waren zur Kirche geeilt, um reumütig das Kreuz aus der Asche der Palmzweige vom letzten Palmsonntag zu empfangen. Doch rasch hat der nasse Schnee die Symbole der Buße aufgelöst, wie auch die letzten Spuren des Schneewunders der vergangenen Nacht.

Eindrücke und Gedanken am Aschermittwochmorgen.

AXEL

15.3.1999

Ein dunkelhäutiger Mann in modisch geschnittenem Ledermantel und mit Baskenmütze legt zur Begrüßung seine Arme um Axels Schultern. Dieser sitzt auf einem Barhocker, trinkt Bier und denkt mit angestrengter Miene über die Diensteinteilung für die kommende Woche und den Wareneinkauf für die nächsten Tage nach. Offenbar haben sich beide lange nicht getroffen, nun ist ihre Freude über das Wiedersehen umso größer. Während Axel – auch heute wieder in Jeans und buntem Hemd, darüber seine geliebte schwarze Lederjacke – mit dem Mann, einem bekannten Journalisten, spricht, streicht er behutsam über seinen rötlich-blonden Schnauzer.

Jung wirkt er und verspielt seine Bewegungen, wenn er zwischen Barhockern und Tresen, Bierhahn und Tischen umhereilt oder eine Runde um den Platz dreht. Verwundert können seine Blicke sein, auf liebenswerte Weise spöttisch seine Bemerkungen. Verbunden mit der Bereitschaft und Fähigkeit, sehr ernsthaft zu blödeln.

Axel, von dem eine Kollegin vor kurzem sagte, er sitze »wieder einmal zwischen allen Stühlen«, kann in schwierigen Situationen vermitteln. Er liebt es, mit übereinander geschlagenen Beinen am Durchgang zwischen den Räumen zu stehen. Gegen Abend verlässt er – gelegentlich leicht schwankend und Freunde beim Gehen mit vielsagenden Blicken veralbernd – sein zweites Zuhause.

Axel strahlt Leichtigkeit aus und spielerische Zuwendung für die anderen. Mit seinen blauen Augen, in denen ich eine große Sehnsucht nach den endlosen Stränden der geliebten Kykladeninsel im fernen Griechenland, mit ihren riesigen Oleanderbüschen und gleißendem Licht, zu sehen glaube.

NATUREREIGNISSE

21.3.1999

Umgeben von Frauen sitzt Raffael Rheinsberg am Tresen. Seine Hände liegen breit und schwer neben dem Bierglas, während er mich beim Vorbeigehen mit einem Anflug von Ironie fragt, worüber ich denn »immer noch« schreibe. Was mich erstaunt: Seit mehr als einer Stunde unterhält er sich mit den leicht angetrunkenen Frauen in Altrosa, Türkis und Schwarz über die Dunkelheit der zurückliegenden Wochen. Dabei hat ein Hoch endlich wieder Licht gebracht. Frühlingsahnen so kurz nach den vergangenen, schneegrauen Winterwochen. Vor Tagen noch war ich durch knöcheltiefen Schnee gestapft und Kälte hatte mich auf meinen Wegen durch die Stadt begleitet. Nun endlich das Ende der Dunkelheit!

Die Schritte der draußen Vorbeieilenden wirken leichter, beschwingter. Ihre Augen sind noch etwas unsicher bei der ungewohnten Helligkeit. Aber ihre Gesichter wirken wieder offener. Raffael Rheinsberg, ein unerschütterlicher Fels inmitten der heftig diskutierenden und gestikulierenden Frauen, sitzt inzwischen schweigend und mit halbgeschlossenen Augen vor seinem Bier.

Begleitet von Freunden, betrat vor wenigen Minuten Natascha Ungeheuer das Lokal. Von Stammgästen bereits vermisst, gleicht ihr Auftritt einem Sturmwind. Sie trägt einen weitgeschnittenen, bodenlangen Mantel und einen schwarzen Hut, unter dem ihr schwarzes Haar hervorquillt. Ihre dunklen Augen sprühen und glühen nur so vor Lebenslust. Wie Raffael Rheinsberg ist sie für mich ein Naturereignis.

Natascha Ungeheuer, eine Frau mit einer bewegten Lebensgeschichte. Bei Harald Kreutzberg, dem berühmten Tänzer und

Choreographen, hat sie Tanz studiert und ist in Choreographien von Mary Wigmann, der legendären Pionierin des expressiven Tanzes, aufgetreten. Im Kreuzberger Straßentheater hat sie gespielt, hat dafür Masken angefertigt und Bühnenbilder geschaffen. Eine Frau, die gemeinsam mit ihrem Lebensgefährten, dem Schriftsteller und Dichter Johannes Schenk, in Berlin-Kreuzberg und in drei Zirkuswagen in Worpswede lebt.

Eine Malerin, die »die Welt mit ihren Augen verschlingt«; die »im Bilde« ist, wie sie sich selbst in einem Ausstellungskatalog beschrieben hat. Ihre »altmeisterlich« anmutenden Werke in feinster Pinselführung – Ölbilder und Gouachen, Feder- und Tuschzeichnungen, Buchillustrationen – sind erfüllt von Poesie und Realismus. Reich an Symbolik und zärtlicher Liebe. Inspiriert werden sie u.a. vom Theater, Zirkus und Musik, vom Berliner Straßen- und Nachtleben.

Vor einiger Zeit besuchte ich sie in ihrem Atelier in Kreuzberg. Bei Tee und selbstgebackenem Kuchen erzählte sie mir, dass sie schon lange in den Zwiebelfisch komme. Sie könne sich ohne diese Kneipe in Berlin nicht mehr »zu Hause« fühlen. Die Stadt sei so anders geworden, so verändert seit den 1970er und 1980er Jahren.

Am Ende meines Besuchs zeigte sie mir mehrere Ölbilder. Immer links oben auf der Leinwand fange sie zu malen an, so ihre Erklärung. Sie folge einer Skizze, die den Weg weise für ihre »Mal-Erzählungen«. Von großer Schönheit sind ihre Werke, zugleich voller Rätsel und beunruhigender, entlarvender Botschaften. Doch nie sind sie geprägt von Härte oder Bitterkeit. Eher leise Melancholie in betörenden Farben umgibt die von ihr dargestellten Personen, auch Heiterkeit und Freude. Verbunden mit so viel Witz und schier grenzenloser Fantasie, die mich staunen lassen. Denn wer sonst könnte ein Bild malen mit dem Titel »Einstein trinkt Kaffee mit Oma Flügge?«

OVIDS ACHTES BUCH

22.3.1999

Eine Frau kommt zu mir an den Tisch und sagt: »Ich habe die Metamorphosen des Ovid gefunden, Ovids achtes Buch!«. Es ist die blonde Frau mit der Schirmmütze, die hier zeichnet und malt und nie mit anderen Gästen spricht. Und nun solch eine mich völlig überraschende Bemerkung. Doch ohne meine Reaktion abzuwarten, wendet sie sich wieder von mir ab, um den Mann mit der abgeschabten Lederjacke zu begrüßen. Flüchtig küsst sie ihn auf seine geröteten Wangen und nimmt an seiner Seite Platz.

Auch heute also wieder »Philemon und Baucis« im Zwiebelfisch? Scheu und dennoch sehr vertraut sitzen sie nebeneinander. Mit Händen, die sich ab und zu liebevoll berühren. Ein Verkäufer von Rosen wirft hoffnungsvolle Blicke auf die Frau, dann auf den Mann, der nach einem Fünfmarkstück in seiner Lederjacke kramt.

Während ich meinen Block zurecht lege, lehnt sich Walter Aue von seinem Tisch aus zu mir herüber und erkundigt sich danach, worüber ich denn schreiben würde? Ich erzähle ihm von meinem geplanten Buch über den Zwiebelfisch. Vehement äußert er Zweifel, ob ich das Leben von meinem Tisch aus wirklich mitbekommen könne, während ich gleichzeitig darüber schreibe. Unversehens geraten wir in ein interessantes Gespräch, bei dem wir versuchen, einander besser zu verstehen.

Walter Aue erzählt von seinem Haus in der Provence. Von dem Licht, der reichen, ursprünglichen Natur, den Gerüchen des Landes. Dort sei er seit vielen Jahren »auf Spurensuche«, nun auch in Berlin. Wir diskutieren über Themen des Lebens, die uns umtreiben und bewegen, die uns begleiten. Über ihre Vielfalt und darüber, wie wenig sie sich in den vergangenen Jahrzehnten letztlich verändert haben.

Dann kommen wir auf das Schreiben zu sprechen. Auf unsere Lieblingsorte, auf die Art und Weise, wie wir versuchen, unsere Gedanken festzuhalten und zu Papier zu bringen. Walter Aue erzählt von den zwei Orten in Berlin – dem Gasthaus Lentz am Morgen und dem Zwiebelfisch am Nachmittag – in denen er stets am selben Tisch und stets zur selben Zeit schreibe. Er fügt hinzu, dass er dabei nur Skizzen, nie »Endgültiges« verfassen könne. Erst später, in seinem Charlottenburger Refugium, beginne seine eigentliche Arbeit. Ich ginge einen etwas anderen Weg, versuche ich ihm zu erklären. Was ich hier schreibe, sei zwar nichts »Endgültiges«, jedoch mehr als bloße Skizzen.

Nach diesem kurzen Austausch über unsere Schreibgewohnheiten diskutieren wir über das Wahrnehmen von Menschen und Situationen und wie es gelingen kann, dafür die »richtigen« Worte zu finden. Wir vergleichen Wege und Möglichkeiten, »bei sich« zu sein. Dabei werden zwischen uns ganz unterschiedliche Vorstellungen von Leben und Arbeiten sichtbar. Und doch glaube ich zu spüren, dass wir einander in unseren Empfindungen während des Gesprächs näher gekommen sind.

Und die Frau der Ovidschen Metamorphosen, mit deren angeblicher Entdeckung sie mich überrascht hatte? Ovids achtes Buch hat sie offenbar längst vergessen. Sie legt einige Blätter vor sich auf den Tisch und beginnt zu zeichnen, während der Mann an ihrer Seite unablässig nach draußen schaut.

DIE HAUSMEISTERIN KOMMT

27.4.1999

Mit ihren nackten, kräftigen Armen streckt sie Axel und seinen nicht mehr ganz nüchternen Freunden am Tresen eine Flasche Weißwein entgegen. Ein breiter, goldener Ring leuchtet an der rechten Hand.

Ihre Kleidung ist frühsommerlich, ganz so, als ob sie die Wärme dieser Tage mitbringen möchte. Sorgfältig in Locken gelegt ihr grauweißes Haar. Eine Brille an goldener Kette, die weit über ihren breit ausladenden Busen herabhängt. Zartrosa der Pullover, bedeckt von einer blauweiß gepunkteten Küchenschürze.

Die Hausmeisterin ist gekommen, und unverzüglich erteilt sie den jungen Männern Ratschläge, auch Rügen. Mit forscher Stimme macht sie diese »zur Minna«. Triumphierend registriert sie die vermeintlichen Volltreffer ihrer Rede. Genussvoll beobachtet sie deren eingezogene Köpfe und herabhängende Schultern. Breit und schwer liegen ihre Arme auf dem Tresen. Unentwegt redet sie auf »ihre Jungs« ein. Sie kann es nicht verkraften, dass diese eine Flasche Wein, die sie unter den linken Arm geklemmt hat, nicht annehmen wollen.

Mehrmals macht sie den Versuch, das Lokal wieder zu verlassen. Endlich geschieht das längst Angekündigte, von »ihren Jungs« bereits ungeduldig Erwartete. Ihr Busen unter der funkelnden Brille wölbt sich. Ihre Augen werden dunkel. Ihre Arme, ihr ganzer Körper quellen über vor Lebensfreude. Sie geht mit der Miene und Körperhaltung, als ob sie einen Sieg errungen hätte. Und ich frage mich: Über wen eigentlich hat die Frau Hausmeisterin triumphiert?

STAMMGÄSTE

29.4.1999

Vor allem von ihnen müsse er leben in diesen bewegten Zeiten: Das meinte Hartmut Volmerhaus in einem vor kurzem erschienenen Zeitungsartikel über den »Kiez Savignyplatz«. An einem warmen Nachmittag im späten April, der den Winter endgültig vergessen lässt, schaue ich um mich. Und ich sehe sie vor mir, die Stammgäste ...

Die Helden der Tage und Nächte, die vor ihrem Bier oder Wein, gelegentlich auch vor Stapeln längst zerlesener Zeitungen sitzen. Helden, die ihre oft über Stunden eingenommenen Stellungen wie Felsen in der Brandung halten.

Manche sitzen, wie auf eine Perlenschnur dicht aneinander gereiht, am Tresen. Dann gleichen sie Perlen aller erdenklichen Größen und Farben und Qualitäten. Und alle schauen auf den Platz hinaus, bis hinüber zu den Häusern der Carmerstraße. Sie schauen, als ob sie auf der Suche nach Wichtigem, Wesentlichem wären. Mit Gesichtern, die sich wie Wetterfahnen in wechselnden Winden drehen.

Zu den Stammgästen gehört der Mann mit der Baskenmütze am langen Tisch links neben dem Tresen. Weit über seine Lieblingszeitung gebeugt, ihre Nachrichten regelrecht verschlingend. Gleichsam als Krönung tragen die Spitzen seines Schnauzbarts oft den Schaum des Kaffees aus einer großen Tasse.

Ein anderer Stammgast hat seinen bevorzugten Platz am rechten Ende des Tresens. Ein Turm in Schwarz mit breiten, schweren Händen. Jemand, der unentwegt schaut und alles zu erspähen scheint. Der jederzeit losbrechen könnte wie ein schlafender Vulkan. Alles an ihm ist voller Kraft, dabei strahlt er eine beeindruckende Ruhe aus.

Die Männer in den kurzen, schwarzen Lederjacken, die am Tresen lehnen und ihren großen Auftritt beim Bestellen der nächsten Runde Bier haben, zählen ebenso dazu. Sie können es kaum erwarten, das leere Glas gegen ein neues auszutauschen. Dem Anzünden der frisch gedrehten Zigarette fiebern sie regelrecht entgegen.

Ein Gast mit ergrautem Bart und auffällig wachen Augen liest regelmäßig in seinen mitgebrachten Büchern und Zeitschriften. Dann wieder redet er mit weithin vernehmbarer Stimme auf seinen Nachbarn ein. Klug sind seine Gedanken, geprägt von umfassendem Wissen. Dabei suchen seine Augen fortwährend nach neuen »Opfern«, die er mit seinen Ideen ebenfalls beglücken könnte.

Häufig erklimmt der kleine Mann mit dem langen, silberfarbenen Seidenschal einen der Borhocker. Ich bewundere die Stärke, die er trotz seiner unübersehbaren körperlichen Gebrechen ausstrahlt. Seine angenehm klingende Stimme und sein gewinnendes Lächeln lassen mich vergessen, dass er mit großen gesundheitlichen Problemen zu kämpfen hat.

An einem der Tische rechts neben der Tür ein weiterer Stammgast. Den Jahreszeiten entsprechend in Schwarz oder Weiß gekleidet, mit malerischen Hüten und Lederstiefeln. Seit ein paar Wochen trägt er bunte Halstücher und andere Accessoires in leuchtenden Farben – »frisch verliebt«, wie er mir anvertraute. Aus leicht zusammengekniffenen Augen kann er über Stunden andere Besucher beobachten und dabei seine geliebten Zigarillos genießen.

Einige Wissenschaftler von Universitäten und Museen – die für mich leidenschaftlichsten Leser der ausgelegten Zeitungen – dürfen nicht unerwähnt bleiben. In der Regel bei Kaffee und Bier, aus besonderen Anlässen bei Wein, ereifern sie sich über Fragen zu Kunst und Kultur und Politik, nicht selten mit erstaunlichen Erkenntnissen.

Da ist jener große Mann mit der aufrecht-starren Körperhaltung, der nahezu täglich im Raum links neben dem Tresen sitzt und trinkt. Der des Öfteren zu schlafen scheint. Dann wieder, hellwach, ein nächstes Glas Rotwein bestellt.

Oft in meiner Nähe einer, der dem Liedersänger Wolf Biermann erstaunlich ähnlich sieht. Ab und zu schaut er mit verwunderten Augen in die Runde, als wäre alles neu für ihn. Fast immer trägt er ein gestreiftes Hemd und bevorzugt einen Bürstenhaarschnitt.

Zu den Stammgästen gehört ebenso der Mann aus einem orientalischen Land, der seinen Lieblingsplatz am Tresen hat. Er trägt am liebsten weißes Leinen und schwarzes Leder. Auffallend sein stolzer Blick und die von ihm ausgehende Ruhe und Wärme. Ebenso seine Fähigkeit, anderen zuzuhören und dabei heitere Zuwendung zu verbreiten.

Auch einen Maler, in der Regel in dunkelblauem Pullover und buntem Hemd, treffe ich häufig an. Kurzgeschnitten der graue Bart, buschig die Brauen über auffallend blauen Augen, die gern in die Ferne schweifen. Dann wieder verweilen sie in den Räumen, packen zu, lassen nicht mehr los, was sie sehen. Schmalgeschnitten und markant sein Kopf, der mich an Darsteller in Filmen von Ingmar Bergman denken lässt. Es ist Jens Jensen mit seiner geliebten Pfeife, vor sich ein Weizenbier. Über Stunden kann er Zeitung lesen. Ein Maler von Bildern, die auf mich archaisch wirken. Geheimnisvoll und farbenreich in ihren Formen und Symbolen.

Inmitten der angestammten Gäste, gleichsam als Ruhepole, Axel und Bernd: die guten Seelen der Kneipe. Seit einigen Tagen tragen sie Weiß und helles Blau. Mit zunehmendem Frühling und steigenden Temperaturen gewinnen ihre Kleiderfarben an Intensität, als ob sie damit die Reste des Berliner Winters endgültig vergessen lassen wollten. Zwei, die »ganz einfach« da sind. Die Anderen zuhören, vermitteln, ausgleichen. Von allen geschätzt und geliebt.

Und die Frauen im Zwiebelfisch? Die Klugen und Allwissenden, die Nachdenklichen, die Suchenden, die ausgelassen Feiernden. Vor einigen Tagen erschienen sie in großer Zahl ...

Der Mann mit der abgeschabten, braunen Lederjacke hatte Geburtstag und viele Frauen kamen. Sie gratulierten und umarmten und küssten das »Geburtstagskind«. Ihre Geschenke häuften sie vor ihm auf, bei ihm gleichermaßen Verlegenheit und Freude auslösend. Nach kurzer Zeit zogen sie sich an den großen runden Tisch zurück, um Neuigkeiten und alte Geschichten auszutauschen. Ihre Sprache war sorgfältig gewählt. Sichtlich erfreut über das Wiedersehen, genossen sie das Beisammensein und die Unterhaltung in vollen Zügen.

Die Frauen trugen überwiegend Schwarz. Am späteren Abend sah ich aber auch Frauen in Pink und Türkis, die von den nahegelegenen Etablissements für ein erfrischendes Getränk vorbeikamen. Sie schauten ziemlich verständnislos auf jene am großen runden Tisch, die nach dem üblichen Austausch von Belanglosigkeiten bei schwierigen, konfliktreichen Themen angelangt waren. Zunehmend verloren sie sich dabei in kühnen Gedanken und fantasievollen Formulierungen – ich konnte es an ihren Gesichtern erkennen, an ihren Stimmen hören.

Der Zwiebelfisch und seine Stammgäste: Während vieler Tage und Nächte habe ich sie erlebt. Ihre leidenschaftlichen Diskussionen, ihr Schweigen. Ihre beobachtenden Blicke. Ihren ungeduldigen Griff zum Glas Bier oder Wein, zur Pfeife oder Zigarette. Zu den Zeitungen. Zu den Tavlisteinen. Zum Domino oder dem königlichen Schachspiel.

Inzwischen sind sie mir sehr vertraut. Menschen, die in dieser Kneipe ein zweites Zuhause gefunden haben – wie ich selbst.

EIN SCHWARZES SOMMERGE-
WITTER – UND STILLE

20.9.1999

Vermutlich ist es der letzte warme Sommerabend. Kein Widerschein der Sonne fällt in die Räume. Dennoch trägt der Mann eine
Brille mit fast schwarzen Gläsern. Bei ihm der »bleiche Zyniker«,
zu meiner Verwunderung heute mit kahlgeschorenem Kopf, seine
Augen ebenfalls hinter einer dunklen Brille verborgen. Beide in
schwarzen Hemden und Hosen. Plötzlich sind sie eingedrungen
in die wohltuende Ruhe und leise Musik, welche diesen Ort in den
letzten Stunden erfüllt hatten.

Seit ein paar Minuten sitzen sie nun vor der weit geöffneten Glasfront. Mit ihren auffallend dunklen Sonnenbrillen verbreiten sie
Unruhe und Unverständnis unter den anderen Anwesenden. Mehr
noch mit ihren Stimmen und ihrem Gelächter, die niemals kälter
und aggressiver klangen als in dieser Stunde. Aber nur von kurzer
Dauer ist ihr Bleiben, schon sind sie weg. Einem späten Sommer-
gewitter vergleichbar, das keiner mehr erwartet hatte.

Sie sind gegangen und Ruhe ist wieder eingekehrt. Wahrscheinlich hat niemand verstanden, welchen Sinn ihr Auftreten, welchen
Sinn ihr Verlassen des Lokals – es glich eher einer überstürzten
Flucht – gehabt haben könnte. Mich selbst frage ich: Warum sollte
ich es überhaupt verstehen wollen?

Axel lehnt entspannt am Durchgang zwischen den Räumen.
Mehrfach telefoniert er mit seinem Chef, macht sich Notizen und
klemmt Zettel an die Wand. Nachdem er sein Bier zu Ende ge-
trunken hat, beginnt er, an seinem vor der Tür abgestellten Fahrrad
umfangreiche Reparaturen vorzunehmen.

Während ich ihm bei der Arbeit zuschaue, hat ein Paar sich auf

Barhockern niedergelassen. Den Mann treffe ich seit Jahren an. Alt ist er geworden, müde sein Gesicht. Grau das leicht gewellte Haar, gebeugt der Rücken, die von Arthrose gekrümmten Hände auf den Tresen gelegt. Regelmäßig greift er zu Kaffee und Cognac, die er bestellt, seit ich ihn zum ersten Mal bewusst wahrgenommen habe. Danach streicht er mit den Händen über Stirn und Nase – eine mir vertraute Geste. Auffallend jugendlich wirkend dagegen die Frau an seiner Seite. Das glatt herabfallende Haar dunkelrot gefärbt. Strahlend die Augen. Sinnlich die Lippen, mit denen sie hinreißend zu spielen vermag, während sie unentwegt auf den Mann einredet.

Jazz klingt leise durch die Räume. Rose Mitchells wunderbar gesungenes »Baby, please don't go«, Duke Ellingtons »Moonlight Fiesta«, von Nat King Cole »Boulevard of broken dreams«…

Die vor Leben sprühende junge Frau und der müde alte Mann sitzen lange beisammen. Seit einiger Zeit redet die Frau auf den Mann nicht mehr ein. Sie blicken sich nur noch schweigend an, umfangen von einer großen Stille.

ALLERSEELEN
AM FRÜHEN MORGEN

2.11.1999

Gestern Abend war ein unwirklich sanfter Wind um die Häuser gestrichen. Wie sonst an ersten Frühlingstagen ließen die Passanten auf dem Savignyplatz ihre Jacken und Mäntel weit geöffnet, als wollten sie die milde Luft des allmählich zu Ende gehenden, sonnenreichen Herbstes noch einmal in ihre Körper eindringen lassen.

Heute, an einem regenverhangenen Morgen, keine weichen Winde mehr, die zum Öffnen von Mänteln und Jacken verleiten könnten. Der Himmel abweisend, grau und düster. Zu meiner Freude hat der Zwiebelfisch noch nicht geschlossen. Schwach dringt Licht bis auf den Bürgersteig hinaus. Die dezente Beleuchtung im Inneren wirkt einladend.

Beim Öffnen der Tür schallt mir ein Lachen entgegen, das nicht enden will. Im linken Raum sitzt ein alter Mann mit schulterlangem, weißem Haar und blickt erstaunt auf zwei Männer am Tresen. Der Ältere in makelloses Weiß gekleidet, mit grauem Haar und markanten Gesichtszügen. Der andere, sehr viel Jüngere, mit blonden Locken, die lang wallend über einen schwarzen Smoking herabfallen.

Das fortwährende Lachen des Mannes in Weiß hatte mich an der Tür empfangen und danach nicht mehr losgelassen, während ich meine Hände an einer großen Tasse mit Milchkaffee zu wärmen versuche. Was, so frage ich mich, kann einen Gast so früh am Morgen unentwegt zum Lachen bewegen? Und weiter frage ich mich: Wie schafft es der andere im schwarzen Smoking, ziemlich betrunken, sich noch immer auf dem Barhocker zu halten?

WIENER WALZER

20.12.1999

Als ich den Zwiebelfisch betrete, höre ich die Melodie eines Wiener Walzers. Und in meiner Seele beginnt es zu schwingen ... Ich sehe meine Eltern vor mir, wie sie am Neujahrsmittag zur Übertragung des Neujahrskonzerts der Wiener Philharmoniker aus dem goldenen Musikvereinssaal miteinander Walzer tanzten und dabei vergnügt lachten. Ohne viel nachzudenken, frage ich Gäste am Tresen und am Tisch neben mir, ob sie nicht tanzen wollen – sie sehen mich nur verständnislos an. Mein Vorschlag und ihre Stimmung stehen sich unversöhnlich gegenüber. Und wie war es zu dieser Situation gekommen?

Nach Liedern von Jimmy Hendrix, Joe Cocker und Donovan, Santana und Janis Joplin – von all den Größen der 1960er und 1970er Jahre – klingen heute ungewohnte Melodien durch die Räume. Es sind Wiener Walzer, ich kann es kaum glauben. Wiener Walzer in einer Kneipe, deren Gäste nach meinem Eindruck »Lichtjahre« entfernt sind von dieser Musik. Ich sehe einige wenige amüsierte, überwiegend aber befremdete Gesichter. Die Musik scheint sich in der Zurückweisung und Gleichgültigkeit der Anwesenden zu verlieren.

Doch dann geschieht etwas Unerwartetes: Lore, eine junge Frau vom Zwiebelfischteam, verlässt den Tresen. Sie breitet ihre Arme aus und beginnt zu tanzen. Wo sonst in der Berliner Kneipenszene könnte ich dies erleben?

Lore tanzt mit einem versonnenen Gesichtsausdruck, vollkommen in sich ruhend. Dabei stelle ich mir vor, dass nun alle anderen mittanzen würden.

Im Überschwang meiner Gefühle greife ich zu meinem Weinglas, proste einem Paar neben mir zu und meine, wie schön es wäre, sie beide nun tanzen zu sehen. Gemeinsam mit Lore, die für ein paar Minuten ihren Tresenalltag hinter sich gelassen hat.

Aber die Gesichter des von mir direkt angesprochenen Paares verschließen sich zusehends. Als ich ankam, hatten die beiden mir noch freundlich zugenickt. Nun lassen sie mich ihre Abneigung gegenüber meinem Enthusiasmus unmissverständlich spüren. Durch meinen spontan geäußerten Gedanken habe ich eine regelrechte Abwehr erzeugt. Die binnen weniger Augenblicke entstandene Mauer wirkt undurchdringlich.

Lore hat sich nach ihrem »Tanzintermezzo« wieder hinter den Tresen zurückgezogen. Trotz aller Versuche, meinen spontanen Vorstoß durch versöhnliche Worte zu mildern, verharrt das Paar neben mir in eher noch wachsendem Unverständnis, das in Feindseligkeit umzukippen droht. Eine Erfahrung, die mich schmerzt. Ich beschließe, das Lokal, dessen Gäste mir an diesem Nachmittag sehr fremd geworden sind, rasch wieder zu verlassen.

DER ZWIEBELFISCH
SCHMÜCKT SICH

21.12.1999

Neue Zeiten sind angebrochen: die Kiezkneipe in weihnachtlichem Schmuck. Etwas unsicher wirkend und mit zögerlichen
Bewegungen tragen Axel und ein Freund eine kleine Tanne vor
den Eingang und verankern sie zwischen den Pflastersteinen des
Bürgersteigs. Sie hämmern und prüfen und hämmern. Ab und
zu schauen sie um sich, sehen mit einer Mischung aus kindlicher
Freude und Lust an Provokation in die Räume.

Schon bald haben sie die Tanne fest verankert. Nun beginnen
sie mit dem Aufhängen weißer Glocken und Kugeln und dem Be-
festigen weißer Kerzen an den Zweigen. Und in erstaunlich kurzer
Zeit ist das Werk vollendet.

Nun also weihnachtlicher Glanz vor dem Zwiebelfisch. Die
gerade ankommenden Gäste reiben sich verwundert die Augen.
Denn nichts von all dem Glitzern ringsum habe ich an diesem Ort
bisher gesehen. Gelegentlich war es ein Gespräch mit Freunden
kurz vor Heiligabend über das bevorstehende Weihnachtsfest oder
der Austausch über das üppige Festessen am Nachmittag danach.
Aber noch nie habe ich hier jene Sentimentalität und jenen Prunk
wahrgenommen, denen man in der Stadt sonst kaum irgendwo
entgehen kann.

Axel und der Freund versuchen nun, mit weiteren Kugeln und
Glocken und Kerzen an den Zweigen ihr Werk noch zu verbessern.
Währenddessen blickt Bernd von seinem Lieblingsplatz am Tresen
aus kopfschüttelnd auf die Tanne.

Der kleine, gebrechliche Mann mit dem langen, silberfarbenen
Seidenschal hat inzwischen einen Barhocker erklommen. Leicht

ironisch zeigt er auf die erste Kerze, die Axel gerade entzündet hat. Lore, die Walzertänzerin, hat den Tresen verlassen und geht zum Baum. Behutsam streicht sie über die Zweige und hält ihre Hände danach über die brennende Kerze, um sie zu wärmen, denn es ist kalt in der Stadt. Scharfer Frost kündigt sich an, während sich ein silbern-weißer Mond langsam über die Hausdächer auf der gegenüberliegenden Seite des Savignyplatzes emporschiebt. Die Zweige des frisch aufgestellten Weihnachtsbaums erzittern im Wind, der zunehmend stürmisch wird.

Eine Woche später …

Am Tag nach dem Fest hatten die Meteorologen Schnee angekündigt. Axel sah häufig und voller Hoffnung zum grau-verhangenen Himmel hinauf. »Seinen Baum« wollte er endlich in weihnachtlichem Weiß erstrahlen sehen. Doch Hartmut Volmerhaus, der Chef, intervenierte: Weg musste der Baum, das Fest war schließlich vorbei! Zu entfernen war er also noch am selben Abend. Widerwillig und enttäuscht folgte Axel diesem Wunsch, wie er mir später traurig erzählte. In der darauffolgenden Nacht fiel dann der erste Schnee.

DER GROSSE RUNDE TISCH

13.2.2000

Nicht am Tresen, sondern in seinem zweiten bilderreichen Raum schlägt für mich das eigentliche Herz des Zwiebelfischs. Matt glänzend, auf vier dünnen Beinen, steht er da. Seine Oberfläche, der ein hellbeige intarsiertes Band besonderen Adel verleiht, leuchtet in warmem, goldenem Braun. Dies ist der große runde Tisch im Raum links neben dem Tresen – ein Ort unterschiedlichster Begegnungen ...

Vor einigen Jahren erlebte ich zwei Professoren, die sich an ihm gegenüber saßen. Die miteinander diskutierten, sich aneinander maßen, sich prüften, dabei geistvolle Funken schlugen, für ein paar Minuten auch grüblerisch schwiegen. Sie hatten sich getroffen, um über einen außergewöhnlichen Plan zu diskutieren: Gemeinsam wollten sie eine neue »Logik der Philosophie« schreiben. Oder war es, wie ich später vermutete, doch eher eine »Philosophie der Logik«? Zwei Professoren, die nach einer Stunde den Ort ihres akademisch-philosophischen Disputs ohne ein für mich erkennbares Ergebnis, sich nur flüchtig voneinander verabschiedend, wieder verließen.

Reisegruppen aus Großbritannien und dem Süden Deutschlands kommen, um an ihm gemeinsam zu feiern und ganz einfach fröhlich zu sein. Touristen, die sehr viel Bier trinken, mir unbekannte Lieder anstimmen und nach jedem Lied Beifall klatschen. Die beim Gehen fast immer Chaos hinterlassen.

Arbeiter in farbverschmiertem Drillich sitzen um den großen runden Tisch. Auch junge, dynamische Männer in Nadelstreifen und feinen, dunkelblauen Blazern, mit Seidenkrawatten, mit Kavalierstüchern in der Brusttasche und unentwegt piepsenden

Handys, die erregt über neue Aufträge und Bilanzen und Aktienkurse diskutieren.

Regelmäßig treffen sich Spieler zu Domino und Tavli, Backgammon und Schach. Sie spielen voller Anspannung und Leidenschaft, mit Augen und Körpern, die gleichermaßen Glück und Qual widerspiegeln.

An bestimmten Tagen wird ein spastisch Gelähmter im Rollstuhl von seinem Begleiter an den Tisch geschoben. Der Kranke streicht mit seinen unkontrollierten Händen unentwegt über die Holzplatte, versucht nach dem Teller zu greifen, dann nach der auf den Boden gefallenen Serviette. Sein Begleiter macht den Tisch zum Ort eines liebevollen Miteinanders, jenseits der sonst häufigen gesellschaftlichen Ausgrenzung und Isolierung dieser Menschen.

Zuweilen breitet ein älterer Mann in abgerissener Kleidung – vermutlich ein Obdachloser – auf ihm seine Habseligkeiten aus und versucht sie zu ordnen. Ab und zu schweifen seine Blicke nach draußen, als ob er von dort Hilfe für seine Ordnungsversuche erhoffte. Immer wirken sie ruhelos. Nie scheinen sie irgendwo » anzukommen «.

Auch junge Paare kommen hierher. Sie sitzen vergnügt und entspannt beieinander und trinken Milchkaffee. Verspielt wie Kinder, sich bei den Händen haltend, sich küssend, liebkosend. Verliebte, die selten miteinander sprechen. Die sich oft nur ansehen und sich dabei doch so Vieles zu sagen haben.

Einmal tanzte ein kleines Mädchen auf dem großen runden Tisch und drehte sich mit seinen kleinen Händen und Armen und Füßen. Dabei jauchzte das Kind. Die meisten freuten sich darüber, einige wenige zuckten zusammen und zogen die Köpfe ein – zu ungewohnt war für sie das Geschehen. Ein Obdachloser, dem man bei der Kälte Einlass gewährt hatte, war über den Anblick regelrecht begeistert, konnte sich nicht sattsehen an dem tanzenden Kind.

Der große runde Tisch: Seit langem ist er für mich ein Ort der Begegnung. Manchmal jedoch habe ich Zweifel, ob es wirklich so ist. Denn in den letzten Jahren habe ich auch Einsamkeit und Trauer, selbst Verzweiflung von Menschen erlebt, die ganz allein an ihm saßen. Aber mitten hinein in solche Gedanken sehe ich das Kind wieder vor mir, wie es auf ihm glücklich tanzte und so viel Freude bei den meisten Anwesenden ausgelöst hat. Dieses Bild lässt mich meine Zweifel schnell wieder vergessen.

EIN PARADIESVOGEL

25.2.2000

Kaum ein Besucher des Zwiebelfischs kleidet sich in leuchtende Farben. Allenfalls jener Stammgast, der seit einiger Zeit verliebt ist und seitdem Tücher malerisch um den Hals geschlungen hat. Grau oder schwarz oder braun, dies sind die vorherrschenden Farben. Aber gestern am späten Nachmittag brachte ein Mann in erstaunlicher Kleidung neue Farben in die Räume. Er trug ein weinrotes Sakko über einer weißen Hose. Türkisfarben das Hemd, mit einer buntgemusterten Krawatte. Scharfgeschnitten sein Profil. Auf dem Kopf ein eleganter Hut. An den Händen mehrere Ringe und goldene Ketten.

Der Mann war mir sofort aufgefallen, als er das Lokal betrat. Er schien es zu bemerken, sah mich mit seinen lebhaften dunklen Augen an. Nach ein paar Notizen über die lichtlosen, nasskalten Februartage kamen wir ins Gespräch. Zu meiner Überraschung lud er mich mit großzügiger Geste zu einem Glas Wein an seinen Tisch ein. Er selbst hatte sich einen doppelten Cognac bestellt und griff mit seinen auffallend langen, schlanken Händen zur nächsten Zigarette.

»Offenbar sind Sie häufig im Zwiebelfisch. Man spürt, dass Sie hier zu Hause sind«, meinte er ohne Umschweife. Er selbst wisse nicht, wohin er gehöre, da er oft auf Reisen sei. Und ohne auf eine Reaktion von meiner Seite zu warten, erzählte er mir, dass er gerade von einer längeren Kreuzfahrt zurückgekehrt sei, den Wechsel ins dritte Jahrtausend habe er in Sidney verbracht. Inmitten von Hunderttausenden habe er an der weltberühmten Harbour Bridge gestanden und das spektakulärste Feuerwerk seines Lebens bestaunt.

Danach reichte er mir seine Hand und stellte sich vor: »Jens Uwe Fiebig, gebürtiger Berliner, damals Ostberlin, Musiker, Pianist.« Ein Mann mit einer außergewöhnlichen Lebensgeschichte, voller Höhen und Tiefen, an der er mich in der nächsten Stunde teilhaben ließ ...

Geboren in Pankow, stammt er aus einer Musikerfamilie. Sein Vater war ein in der DDR bekannter Komponist und Musiker. Mit sechs Jahren begann für ihn der Klavierunterricht. Erfolgreiches Studium an der Hochschule für Musik »Hans Eisler«. Abschlusskonzert im »Palast der Republik«. Konzertpianist. Musikalischer Leiter des Revue-theaters im Friedrichstadtpalast. Ein Privilegierter mit verschwenderischem Lebensstil in einer sozialistischen Gesellschaft. Der Fall der Mauer und der Beginn einer neuen Zeit war für die Bewohner der DDR mit weitreichenden Folgen verbunden. Das galt ebenso für ihn selbst: Es kam zu einem Bruch in seiner Karriere und seinem »dekadenten Leben«, wie er selbstkritisch anmerkte.

Nach einer Durststrecke gelangen ihm erfolgreiche Auftritte mit renommierten Künstlern im »Westen«. Mit neuen Erfahrungen in einer kapitalistisch orientierten Welt, auf die er nicht wirklich vorbereitet war. Zunehmende gesundheitliche Probleme ließen ihn seit Anfang der 1990er Jahre verlockende Angebote als Pianist auf Kreuzfahrtschiffen annehmen. Es war eine Art Flucht aus einer Welt, der er nicht wirklich gewachsen war.

Gebannt folgte ich dem Versuch des Fremden, mich im Stenogrammstil mit seinem turbulenten Leben etwas vertraut zu machen. Ein »Paradiesvogel«, dachte ich bei mir, als er das Lokal betrat. In gewisser Hinsicht auch ein »Lebenskünstler«, kam mir in den Sinn, als ich dann später seiner bewegten Geschichte folgte: ein Wanderer zwischen zwei gänzlich unterschiedlichen Welten, ein von den Frauen umschwärmter Pianist auf Reisen in ferne Länder.

Etwas atemlos geworden vom vielen Reden, ziemlich häufig unterbrochen von leichtem Husten – wahrscheinlich eine Folge seines geradezu süchtig wirkenden Rauchens – schaute er mehrfach auf den vor mir liegenden Schreibblock. Er wollte von mir wissen, was ich da mache. Als ich ihm sagte, dass ich über dieses Lokal schreibe und meine Arbeit an dem Manuskript bald abgeschlossen sei, meinte er spontan: »Dann können wir nach meiner nächsten Reise, wenn das Buch auf dem Markt ist, gemeinsam durch Berliner Kneipen ziehen. Sie lesen daraus vor, und ich spiele dazu auf dem Klavier.« Dabei blitzten seine dunklen Augen auf, als ob wir bereits in wenigen Tagen damit beginnen würden.

Wir sollten uns vor seiner nächsten Kreuzfahrt noch einmal treffen, meinte er, während er bei der Bedienung einen weiteren Cognac bestellte. Als ich ihm zum Abschied die Hand reichte, schaute ich in die Augen eines Mannes, der mir bei all seiner bewegten, buntschillernden Lebensgeschichte sehr verletzlich und einsam schien.

AXEL, DER KERZENZAUBERER

16.3.2000

Kerzenlicht im Zwiebelfisch? Selbst in weihnachtlichen Zeiten gibt es das in seinen Räumen nicht zu sehen. Heute jedoch hat sich Unvorhersehbares ereignet: Die Heizung ist ausgefallen. Mehr noch: Es ist an einem Tag mit neuerlicher Kälte und einem Wechsel von nassem Schnee und Regen geschehen. Und mit frierenden Gästen, die nun durch Kerzen aufgewärmt werden sollen.

Beim Hereinkommen bin ich überrascht: Kerzenschein, welch' ungewohnter, geradezu anrührender Anblick. Mitnichten jedoch soll das Kerzenlicht Romantik verbreiten, wie ich rasch bemerke. Durch den Ausfall der Heizung ist ein Notstand eingetreten. Axel, Bernd und Co. seien, wie mir einer der Gäste mit leicht ironischem Unterton erzählt, in Panik geraten und aufgeregt umhergelaufen. Aber dann hätten sie sich auf ihre von Allen bewunderten und geliebten Improvisationskünste besonnen, hätten in Windeseile Kerzen herbeigeholt und sie auf mehreren Tischen verteilt. Wärme sollten sie verbreiten. Vielmehr die Illusion von Wärme an diesem spätwinterlichen Abend, während draußen auf die Bäume und Lauben Schneeregen herabströmt.

Während ich trotz der relativ niedrigen Temperatur mit dem Schreiben beginne, ist Axel unentwegt in Bewegung, zündet weitere Kerzen an. Doch rasch geht der Vorrat zu Ende und mehr der licht- und wärmespendenden Hoffnungsträger sind offenbar nicht vorhanden. Einige Anwesende protestieren lautstark über die unerfreuliche Situation. Axel reagiert gewohnt schnell. Seine schwarze Lederjacke flüchtig über das weiße Hemd werfend, eilt er wagemutig hinaus in den Regen, der dem nassen Schnee gefolgt ist.

Nach wenigen Minuten kehrt er mit einem weiteren Bündel

weißer Kerzen zurück, begrüßt von den frierenden, dankbar klatschenden Gästen. Axel, der Erlöser aus großer Not, der Kerzenzauberer, ist triefend nass. Sein Hemd klebt grau auf der Haut. Sein blondes Haar hängt in Strähnen über der Stirn. Doch ohne zu zögern, verteilt er neue Kerzen in den Räumen. Dann erst setzt er sich auf einen der Barhocker, ganz so, als ob nichts Erwähnenswertes geschehen wäre.

Noch immer laufen dicke Wassertropfen über seine Stirn und Wangen. Aber es scheint ihn nicht sonderlich zu stören. Er macht keinerlei Versuche, um sie beiseite zu wischen. Stattdessen greift er zu einem Bier. Und sein Gesicht wirkt sehr jung.

DIE ANKUNFT DES NEUEN KOCHS

9.4.2000

Die Stammgäste am Tresen schauen wie üblich aus dem Fenster. Ich folge ihren Blicken und entdecke den vor kurzem eingestellten neuen Koch. Ich erkenne ihn an seinem zielstrebigen Überqueren des Platzes. Sein Gesicht ist nur schemenhaft zu sehen, sein federnder Gang aber ist mir bereits vertraut.

Der kleine Mann geht mit eiligen Schritten. Alles an ihm ist in Bewegung. Die Konturen seines gedrungenen Körpers, seines Gesichts werden zunehmend schärfer. Erfüllt vom Verlangen nach dampfenden Suppen und fantasievollen Gerichten, strebt er seinem kleinen Reich, der Küche, entgegen. Eine Welt voller Wohlgerüche am Ende des Tresens, in der für die hungrigen Gäste schmackhafte Gerichte entstehen.

Und schon betritt Bruno, der neue Koch, mit entschlossenem Gesichtsausdruck den Ort seines kreativen Tuns. Inzwischen wirkt sein Körper noch kompakter. Seine unwiderstehliche, typisch berlinerische Art, wie er mit der Sprache, ihrer Musik, ihren Botschaften umgeht, und sein umwerfender Witz bereiten mir großes Vergnügen. Seine Augen blitzen vor Tatendrang. Mit seiner Stimme, mit seinen dahingeworfenen, mal rotzigen, dann wieder ausgesprochen humorvollen Bemerkungen füllt er die Räume. Doch rasch zieht er sich in seine abendliche Wirkungsstätte zurück.

Gelegentlich taucht er wieder auf und lehnt sich mit weit ausgebreiteten Armen auf den Tresen. Neugierig schaut er den gerade ankommenden Besuchern entgegen. Offensichtlich ahnt er bereits, welche Köstlichkeiten sie in Kürze für sein Küchenreich in Auftrag geben werden.

WIE IN ALTEN ZEITEN

11.4.2000

Gemeinsam mit Lilli Engel sitzt Raffael Rheinsberg am Tresen. Mit knapper Kopfbewegung nickt er mir zu, als er mich sieht. Danach geht sein Blick hinaus zu den Bäumen, deren frisches Grün den Frühling ankündigt. Eine Szene, wie ich sie schon oft erlebt habe. Aber dann ereignet sich Außergewöhnliches ...

Ein mir unbekannter Mann, ganz in Schwarz und mit Lederweste – später erfahre ich, dass er Professor an einer der Berliner Universitäten ist – spricht mich an. Ohne erkennbaren Anlass erklärt er mir, heute ausschließlich lesen und arbeiten zu wollen. Doch anstatt sich an einen der freien Tische zurückzuziehen, geht er zu dem Künstlerpaar weiter und setzt dort zu einer längeren Rede an. In geschliffenen Formulierungen spricht er ganz so, als ob er vor einem Auditorium von Studenten bedeutende Erkenntnisse zu verkünden hätte. Raffael Rheinsberg sitzt da und trinkt Bier und hört nur zu, während Lilli Engel sich mit einer Frau unterhält, die neben ihr am Tresen steht.

Der Mann redet ohne Unterlass. Mit dem unüberhörbaren Ziel, seine gesamten Erkenntnisse über Politik und Gesellschaft der letzten Jahrzehnte, selbst mehrerer Jahrhunderte, auch seine Erfahrungen mit Kunst und Kultur und Wissenschaft vor sich und dem ungefragten Zuhörer ausbreiten zu wollen. Sein Redefluss wird allenfalls von ihm selbst unterbrochen, wenn er den Mund zu einem nicht nachvollziehbaren Lächeln verzieht – das Augenblicke später wieder erstarrt. Danach fährt er mit seinen gewichtigen Ausführungen fort. Raffael Rheinsberg hört nur zu.

Die Situation zwischen ihnen droht, in eine Sackgasse zu geraten. Da öffnet sich die Tür, ein auffallend großer, schlanker Mann bleibt am Eingang stehen und blickt unschlüssig um sich, weiß offenbar nicht, ob er bleiben soll. Schon will er wieder gehen, da entdeckt er Raffael Rheinsberg, eilt mit freudigem Gesichtsausdruck auf ihn zu und umarmt ihn mit herzlichen Worten.

Er hat den vom frustrierenden Zuhören erstarrten Raffael Rheinsberg zu neuem Leben erweckt. Der reckt sich, während seine rechte Hand bedächtig zum Bierglas greift, und beendet sein Schweigen. Mit seiner dunklen, kräftigen Stimme beginnt er zu reden. Auch mit seinen Händen, seinen Armen, seinem ganzen Körper, die seinen Worten Nachdruck verleihen.

Begleitet von häufigem Nicken verfolgt der Mann Raffael Rheinsbergs Ausführungen, kommentiert und ergänzt sie gelegentlich. Zwei Freunde haben sich offenbar zufällig getroffen. Umso größer ist nun ihre Wiedersehensfreude. Ihre Unterhaltung sprüht nur so vor Lust am gegenseitigen Ausbreiten von Erinnerungen, die sie bis heute verbinden.

Die Szene wird noch reicher und vielfältiger, als ein kleiner, kahlköpfiger Mann in grellfarbener Kunstfaserjacke hereinkommt. Seine Ankunft wirkt geradezu elektrisierend auf die beiden. Und mir wird klar: Die alten Zeiten des Zwiebelfischs sind zurückgekehrt! Raffael Rheinsberg und der große schlanke Mann strahlen vor Glück. Sie umarmen und küssen den Neuankömmling.

Das Gespräch zwischen den Männern wird rasch intensiv, wird zunehmend zu einer leidenschaftlichen Diskussion. Lilli Engel und der Frau neben ihr, scheint das nicht sonderlich zu gefallen. Sie versuchen, mit spöttischen Bemerkungen die Diskussion der Freunde zu stören und so die Drei ihres leidenschaftlichen Gedankenaustauschs, ihrer Träume zu berauben. Beschwingt und beflügelt von der Erinnerung an alte Zeiten, lassen sich diese jedoch in keiner Weise beirren. Und so wird mir die unerwartete Freude zuteil, von meinem Tisch aus noch eine Weile an ihrer »heimlichen Verschworenheit« teilnehmen zu dürfen. Währenddessen beobachtet der »allwissende« Professor das für ihn ziemlich frustrierende Geschehen.

Unvermittelt legt der große, schlanke Mann seine Arme um die

Schultern des Kahlköpfigen mit der grellfarbenen Kunstfaserjacke. Mit ausgesuchter Höflichkeit verabschieden sie sich von dem Künstlerpaar. Und endlich sieht der Professor die Chance gekommen, mit seinen selbstgefälligen, ausschweifenden Reden fortzufahren.

Raffael Rheinsberg blickt den Freunden etwas wehmütig hinterher. Er entlässt sie mit den Worten: »Haut rein, Jungs!«. Ein Satz, der auch noch Tage später – da bin ich mir sicher – in mir nachklingen wird.

DER ZWIEBELFISCH UM FÜNF

16.5.2000

Der alte Mann mit dem schulterlangen, weißen Haar, den ich hier ab und zu antreffe, lehnt am Durchgang zum Raum mit den vielen Plakaten. Kopfschüttelnd beobachtet er die Gäste am Tresen, die ein Bier ums andere bestellen. Oskar Huth und Paul Gehring blicken ernst auf den Mann herab.

Die Musik klingt aus. Die Lichter werden gelöscht. Köpfe und Körper der zunehmend Betrunkenen hängen über Bier und Korn. Ihre Schatten auf dem graugrünen Boden sind kaum mehr sichtbar. Schwankend gehen sie gegen sechs auf die Straße hinaus und verlieren sich allmählich im Morgengrauen.

Als ich den Zwiebelfisch wieder verlasse, schweben Lichterketten der S-Bahn-Züge über die Brücke am Savignyplatz. Vorbei an blühenden Büschen und Blumenrabatten. Schnell entschwinden sie in den erwachenden Tag.

KNEIPENSZENEN UM MITTERNACHT

20.7.2000

Farblos sind die Gesichter der Gäste. Keine Falten, die sich schwer über die Stirn gelegt haben, keine sprechenden Augen, die mich in dieser späten Stunde erreichen könnten. Lachen von irgendwoher dringt zu mir herüber, verschwiegen und geheimnisvoll. Dominosteine schlagen leise gegeneinander. Rauchschwaden hängen über den Tischen, verkriechen sich in Ecken und Nischen. Diffus und trist ist diese Nacht, ohne Licht und Leben.

Beim Umherschauen fällt mein Blick auf einen roten Schal, den ein gerade hereinkommender Mann dekorativ um seine Schultern geschlungen hat. Brennend rot ist der Schal aus Seide, er überstrahlt sein übriges Äußeres: seine dunkle Kleidung, seinen breitkrempigen Hut, sein fahles, schlaffes Gesicht um einen Mund, der trostlose Langeweile verkündet. Die Schultern hat er ängstlich zusammengezogen, als ob er bedrohliche Zeiten erwarten würde.

Aber da ist dieser Schal! Aufglühend im Licht der Lampen, vibrierendes Leben verheißend. Trügerisches Leben, das ebenso schnell verblasst, wie der rote Schal um die Schultern des Mannes, als er wenig später wieder in die Dunkelheit entschwindet.

Die Spieler am großen, runden Tisch haben inzwischen mit Tavli begonnen. Nachtschwärmer in kurzen Lederjacken lehnen gelangweilt am Tresen.

Ein weiterer Mann betritt das Lokal, an dem alles in Bewegung ist: die Hände, die Beine, der ganzer Körper. Alt ist er, in seinen Bewegungen noch fast jugendlich. Ihm zur Seite eine dunkelhäutige, attraktive Frau. Sie küsst ihn zärtlich, legt ihre Arme liebevoll um seine Schultern. Und der Mann wird still in ihrer Umarmung. Mit einem Mal wirkt sein Gesicht sehr weich, seine Augen sehr jung. Etwas Rätselhaftes umfängt ihn. Er verliert alle Merkmale seines Alters. Keine faltige Haut mehr, keine müden Augen. Ich erlebe zwei Menschen, die sich Wärme und Zärtlichkeit und Geborgenheit schenken – für diese Stunde, vielleicht für die ganze Nacht.

Noch ganz fasziniert von dem, was zwischen ihnen geschieht, fällt mir eine Frau auf, die unter einem Bild der Malerin Galli sitzt. Sie betrachtet mit nahezu unbewegter Miene die Szene zwischen dem ungewöhnlichen Paar. Kurzgeschnitten ist ihr schwarzes, gelocktes Haar, leicht hochgezogen ihre linke Augenbraue. Ihr schönes Gesicht, ihr Hals, ihre Arme haben die Farbe von Elfenbein. Weder Sommersonne noch die oft schmutzige Luft der Stadt vermochten an ihr sichtbare Spuren zu hinterlassen. Auch nicht an den schlanken Händen, die sie behutsam um ein Glas Wein gelegt hat.

Sie trägt ein cremefarbenes Kleid, das ihren Körper wie eine zweite, schützende Haut umgibt und mich an eine edelgeformte, klassische Statue denken lässt. Alles versprechend, alles verhüllend, von einladender Unnahbarkeit. Mit Blicken aus tiefblauen Augen, die leicht ironisch und kritisch, manchmal fragend, dann wieder unverschämt selbstsicher sein können. Mit geschlossenen Lippen, die – verlockend wirkend – nicht wirklich verführen wollen.

Die rechte Hand der Frau schmückt ein goldener Ring mit einem großen Opal, der gleichermaßen Wärme und Kälte ausstrahlt. Wie sie selbst. Und Galli, die Malerin, schaut stumm auf die nächtlichen Kneipenszenen herab.

EIN BESONDERER GEBURTSTAG

17.8.2000

Heute überrascht mich mein Stammlokal mit sommerlichen Farben: Die Räume leuchten in Rot und Blau. Farben, die sonst eher den Frauen von den nahen Etablissements zu verdanken sind. Rumba-Flamenco-Rhythmen bringen die Anwesenden zum Schwingen. Ihre Körper geraten in Bewegung. Mit der Musik ist pure Lebensfreude eingekehrt. Ein Geschenk für Axel, der heute Geburtstag hat.

Doch wo ist der »Fünfzig-Jahre-alt-Gewordene«?. Ich habe den Eindruck, dass er nicht strahlender Held und Mittelpunkt des Festes sein will. Wie immer mit übereinander geschlagenen Beinen, steht er am Durchgang zwischen den Räumen. Für ein paar Minuten setzt er sich zu einem mir fremden Gast. Dann schlendert er vor das Lokal, um mit einer flapsigen Bemerkung zwei ältere Frauen zu begrüßen.

Ich erkenne die Hausmeisterin wieder. Für den besonderen Anlass hat sie ihre Kleidung sorgfältig ausgewählt. Sie ist ganz Dame, eine seltsam vornehme Zurückhaltung ausstrahlend. Und dennoch wartet sie ganz offensichtlich auf eine Gelegenheit, zu alter Vertrautheit mit »ihren Jungs« zurückkehren zu können.

Die andere Frau, mit auffallend gepflegter Frisur, ist Axels Mutter, wie mir einer seiner Freunde signalisiert. Zu diesem Festtag trägt sie blütenweiße Handschuhe und eine Bluse in dezentem Blaugrau. Das feingeschnittene Gesicht mit wachen, beobachtenden Augen. Ich stelle mich ihr vor und frage sie, wie ihr »Axel, der Kerzenzauberer« gefallen habe – eine Geschichte, die ich ihrem Sohn vor einiger Zeit geschenkt hatte. Sichtlich erfreut, den Verfasser der kleinen Erzählung nun auch persönlich kennenzulernen, meint sie: »Die Geschichte ist wunderbar«. Ihre spontane Herzlichkeit berührt mich sehr.

Axel in ausgewaschenen Jeans und einem rot-blau-weiß karierten Hemd, sein Gesicht von der letzten Griechenlandreise noch leicht gebräunt, ist währenddessen weitergeschlendert. Nun lehnt er etwas abseits des Trubels an einer Wand. Er lächelt mit ernsten Augen.

Die Stammgäste, bei solchen Festen oft in silbernes Grün und mattes Schwarz gekleidet, sind kaum vertreten. Es sind andere Gratulanten, die Axel beglückwünschen wollen. Ein Junge streckt ihm einen kleinen Blumenstrauß entgegen und läuft danach wieder zu seiner Mutter zurück, die an der Tür auf ihn wartet. Mit scheuer Geste überreicht eine ältere Frau ihr Geschenk. Axels »Kampfgefährten« aus zahllosen Tagen und Nächten drängen sich in der Ecke gegenüber dem Tresen und prosten dem Geburtstagskind zu.

Zwei junge Männer begrüßen mich. Der eine, dunkelhaarig und in brauner Lederjacke, meint, er könne sich nicht vorstellen, wie ich bei all dem Lärm schreiben könne. Axel habe ihm gesagt, dass ich Ruhe brauche, um mein Buch über den Zwiebelfisch zu Ende zu bringen. Ich antworte ihm: Was ich gerade schreibe, sei mein Geburtstagsgeschenk für Axel, und der Lärm störe mich überhaupt nicht. Über das Gesicht des jungen Mannes huscht ein verständnisvolles Lächeln, er freut sich über meine Worte.

Der andere mit langem, blondem Haar, in sandfarbenem Leinensakko, war mir bei einem Trauerfest aufgefallen – das Profil seines Gesichts gleicht dem des jungen Gerard Philipe. Er sagt, er sei über meine Disziplin erstaunt, mit der ich immer da sitze und schreibe. Er begreife aber, dass es nur so ginge. Auf meine Bemerkung hin, dass ich deshalb etwas isoliert sei, meint er, ich gehöre dazu wie all die anderen, wie er selbst. Der Zwiebelfisch sei eine Art zweites Zuhause. Für ihn sei es so und dasselbe gelte ebenso für mich. Flüchtig streicht er über meine Schultern und eilt zu seinem Bier am Tresen zurück.

Vor einigen Minuten sind Lilli Engel und Raffael Rheinsberg angekommen, umarmen das Geburtstagskind und bestellen ein Bier.

Braungebrannt sind sie, tragen Sonnenbrillen. Doch bald gehen sie wieder. Von seinen Gratulanten unbemerkt, verlässt auch Axel das Fest. Leichtfüßig entschwindet er in die schwülwarme August-nacht.

DAS BÜGELBRETT –
EINE UNENDLICHE GESCHICHTE

24.11.2000

Von einem Gast habe ich erfahren, dass Natascha Ungeheuer und Johannes Schenk unter dem Druck anonymer Drohungen aus der Neonazi-Szene Worpswede vorzeitig verlassen haben. Trotzdem würden sie daran denken, im nächsten Frühling in ihre Zirkuswagen zurückzukehren. Die Nachricht macht mich betroffen und traurig. Doch wie so oft liegen in dieser Kneipe Trauer und Freude sehr nah beieinander, die nächsten Stunden sollten es mir zeigen ...

Axel kommt mit einem Glas Bier in der Hand zu mir an den Tisch und verkündet mit feierlicher Miene, es gebe eine »wichtige Frage« zu besprechen. Seit Tagen liege sie für ihn in der Luft, nun sei die Zeit dafür gekommen.

So führt uns an diesem späten Nachmittag ein bedeutendes Thema zusammen. Und das Zauberwort heißt »Bügelbrett«. Wir sind nicht mehr ganz nüchtern, auch etwas müde. Aber die Frage, mit welchem Bügelbrettmodell wir unsere Hemden möglichst einfach und zeitsparend bügeln können, lässt uns hellwach werden, nimmt uns sofort gefangen. Wir stellen uns einer kühnen Herausforderung, an der in der Vergangenheit viele unserer vermeintlich hemdengerechten Bügelversuche gescheitert sind.

Axel sieht mich prüfend an, denn zwischen uns steht nun also eine jener Fragen, auf deren Beantwortung es keine sinnvolle Vorbereitung geben kann: Wie halten wir es mit unseren alltäglichen Arbeiten, genauer mit dem Bügeln von Hemden? Und die Suche nach dem hierfür geeigneten Bügelbrett treibt unser Gespräch immer weiter voran. Eine Welt tut sich vor uns auf, die sehr weit ist und voller Rätsel, auch reich an unerwarteten Überraschungen, selbst unüberschaubaren Gefährdungen und Abgründen. Eine Welt, so meinen wir amüsiert, in der die Luft sehr dünn sein kann.

Zunächst ist Axel mit seinen immer kühner werdenden Vorschlägen kaum zu bremsen. Doch allmählich gerät er ins Grübeln, schrammt dicht an einer depressiven Verstimmung vorbei. Er hat bemerkt, dass seine Ideen sich allesamt als unrealistisch erwiesen, sich regelrecht in Luft aufgelöst haben. Er schaut auf den Platz hinaus, als suche er dort jenes Wunder eines Bügelbrettmodells, auf das wir seit einer Stunde vergeblich gehofft hatten.

Partielle Erschöpfung durch das schwerwiegende Thema hat uns ergriffen. Wir versinken in längeres, grüblerisches Schweigen, auf der Suche nach Erleuchtung. Plötzlich gibt Axel sich einen Ruck und holt ein neues Bier, ich noch einen Wein. Kaum haben wir uns wieder gesetzt, kündigt sich – völlig unerwartet – eine Lösung, gar endgültige Rettung für unsere seelischen Qualen an. Eine Frau, etwa so alt wie wir, kommt auf uns zu, möchte mit uns sprechen. Und sofort ist sie »voll im Thema«, so jedenfalls behauptet sie mit überlegener Miene. Offenbar hatte sie unseren selbstquälerischen Disput schon länger verfolgt. Sie legt ihre Hände um die auf dem Tisch stehenden Gläser, als wolle sie uns vor weiterem Trinken bewahren. Ihr Gesichtsausdruck ist dabei voller Zuversicht. Und Axel scheint um mindestens einen Kopf gewachsen zu sein. Unsere sehnsüchtige, zunehmend verzweifelte Suche nach einem Bügelbrettmodell, das uns von allen Nöten beim Hemdenbügeln erlösen würde, ist in greifbare Nähe gerückt. Davon sind wir nun fest überzeugt.

Anstatt jedoch ein Modell zu benennen, das unsere gequälten Seelen sofort hätte besänftigen können, ergeht sich die Frau in längeren Ausführungen, die in nichts unserem Disput nachstehen. In luzider Dialektik stellt sie Pro und Kontra der in diversen Kaufhäusern zur Zeit verfügbaren Modelle gegenüber. Sie stürzt uns damit in noch größere Verwirrung, genießt diese ohne jegliche Skrupel.

Axel holt sich ein weiteres Bier. Ich vergesse meine Gepflogenheit, spätestens zum dritten Glas Wein einen Eintopf, meist ein

Chili con Carne oder die köstliche Zwiebelsuppe, zu bestellen. Aufgewühlt sind wir, wechseln zwischen Hoffnung, Verzweiflung und Resignation.

Da durchschlägt Axel das Dickicht, welches uns zu ersticken drohte. Mit entschlossener Stimme lässt er mich wissen, dass er in den nächsten Tagen, »ganz bestimmt aber bis Weihnachten«, losgehen wolle, eines der Kaufhäuser aufsuchen werde, um unser Bügelbrett endlich zu finden und es für uns beide zu kaufen. Meine zaghaft vorgebrachten Zweifel wischt er mit einer Handbewegung beiseite.

Der weißgekleidete Stammgast aus einem arabischen Land hat, wie jene vermeintlich allwissende Frau, unsere Unterhaltung mit sichtlichem Vergnügen verfolgt. Er spricht von den »großen Axel-Projekten«, von der Zeit, »die sie sich nehmen müssen«. Und ich beginne zu ahnen, dass die Suche nach einem geeigneten Bügelbrett uns wohl noch etwas länger umtreiben wird. Axel würde – von mir erneut darauf angesprochen – sehr wahrscheinlich so was wie »eine unendliche Geschichte« murmeln und mir dabei mit seinen blauen Augen zuzwinkern.

MIT EINER SCHREIBMASCHINE
AUF REISEN

1.5.2001

Axel trägt heute ein hellblaues Hemd über den Jeans und un-
gewöhnlich modische Schuhe. Kaum habe ich mich an meinen
vertrauten Tisch nahe der Tür gesetzt, begrüßt er mich mit einer
spöttischen Bemerkung, freut sich über meine Einladung zu einem
Glas Weißwein. Und schnell sind wir mitten in einem Gespräch
voller witziger und skurriler Einfälle.

Zunächst schildert er mir seine Eindrücke von dem Manuskript über den Zwiebelfisch, das ich ihm vor einigen Tagen ge-
geben hatte. Vor allem Bernd, sein ihm liebster Kollege, sei »sehr
genau« getroffen. »Und überhaupt seine wasserblauen Augen...«.
Unversehens sind wir bei unseren bevorstehenden Urlaubsreisen
angelangt: er nach Naxos, seiner geliebten Kykladeninsel, ich nach
Ischia, einer Insel im Golf von Neapel. Wir geraten ins Schwärmen.
Axel strahlt, als er die wenigen, noch verbleibenden Wochen bis
zum Urlaubsbeginn erwähnt und von seinem Plan erzählt, nun
endlich, »nach mehrjährigen Überlegungen«, seine alte Schreibmaschine mitzunehmen. Was er damit vorhabe, möchte ich wissen,
worüber er denn schreiben wolle? Axel beginnt zu dozieren und
erteilt mir eine unvergessliche Lektion...

Alles beginne mit dem Buchstaben A, wobei unklar sei, ob es sich
um ein großes oder ein kleines A handele, denn wer könne schon
wissen, womit man seine Texte beginne, worüber man eigentlich
schreiben wolle. Im Übrigen gebe es ja noch andere Buchstaben:
K beispielsweise oder S, die er zum Start durchaus wählen könne.
Aber, wie gesagt, wer könne das schon so genau wissen, denn auf
seiner Insel sei ohnehin alles ganz anders.

Nur eines sei ganz sicher: Dieses Mal werde es für ihn keine Abreise ohne seine alte Schreibmaschine geben, und sei es auch nur, um den Buchstaben A – oder etwa M? – darauf zu tippen. Groß oder klein, dies müsse die Zeit dort erweisen, fügt Axel hinzu. Wir blicken uns lachend an und bestellen umgehend ein weiteres Glas Wein: Axel einen Riesling, ich einen Blanc de Blancs.

Danach kommen wir auf Hartmut Volmerhaus zu sprechen. Ich beschreibe meine ersten Eindrücke von ihm, wie er gemächlich auf dem Fahrrad, Marke Condor, über den Savignyplatz gefahren sei, seinen Hund mit dem dunkelbraunen Fell hinter sich auf dem Gepäckträger. Und das von allen geliebte, kleine Tier wächst während unserer Unterhaltung zu unerwarteter Größe.

Von Alpha- und Beta-Tier ist die Rede. Ich sehe Axel fragend an. Alpha gleich Axel, ohne zu zögern kommt seine Antwort. Und Beta? Darüber müsse er noch etwas länger nachdenken, lässt er mich mit einem vieldeutigen Lächeln wissen. Und die Krönung der Geschichte: »Müller von der Halde« sei der Name der kleinen Kreatur. Die blauen Augen von Axel blitzen verschmitzt auf. Vermutlich hat niemand sonst seinem Namen jemals so viel Zuneigung und poetische Fantasie zuteil werden lassen. Rasch muss für meinen einfallsreichen Gesprächspartner – inzwischen auch ein guter Freund – noch ein neues Glas Riesling her.

Beim Gehen treffe ich Walter Aue. Wie üblich an einem der Nachbartische sitzend, hatte er sich auf den Rändern einer mitgebrachten Zeitung Notizen gemacht. Als ich meine Rechnung begleichen will, kommt er zu mir an den Tresen. Seit vielen Wochen habe ich ihn nicht mehr gesehen. Sein sonst immer gebräuntes Gesicht ist auffallend schmal und blass. Er erzählt mir von einer schweren Erkrankung, die er mit viel Glück überstanden habe. Noch einmal sei er dem Tod »von der Schippe gesprungen«, wie er es ausdrückt. Sizilien, die kulturreiche Insel, sei nun sein Ziel. Seine Worte klingen sehr ernst, seine Stimme ungewohnt rau.

Während der Unterhaltung lehnt Axel schweigend an der Wand. Schließlich gehe ich in einen Abend mit stürmischem Frühlingswind, der die Stadt in Wärme eintaucht, mit Düften und Blüten

geradezu überflutet. Axel sieht mir nachdenklich lächelnd hinterher.

Beim Überqueren des Savignyplatzes glaube ich, das Klappern seiner alten Schreibmaschine zu hören, von der er mir vor einer Stunde mit so viel Witz und Einfallsreichtum erzählt hat.

EPILOG

MAI 2020

Viele Jahre sind vergangen, seit Axel mir an einem unvergesslichen Nachmittag im Frühling 2001 von seinen Reiseplänen erzählt hatte. Meine Zeit im Zwiebelfisch war für mich zu einem unverzichtbaren Teil der Erinnerungen geworden. Manche glichen schönen Träumen.

Doch vor wenigen Tagen erreichte mich eine schlimme Nachricht, sie riss mich aus meinen Träumen. Wie ich hörte, war das Lokal Opfer einer Brandstiftung geworden. Davon alarmiert, eilte ich noch am selben Tag zum Savignyplatz. Und wie im Januar 1995, als ich diesen Ort für mich entdeckt hatte, stand ich wieder vor der breiten Glasfront und schaute in den Raum links neben der Eingangstür, in dem ich an kalten Wintertagen vor der Heizung in der linken oder rechten Ecke viele Stunden verbracht hatte. Der Raum menschenleer, ohne Tische und Stühle, ohne Plakate, Fotografien und Bilder. Die Wände kahl, mit von der Decke herabhängenden Leitungen und Kabeln. Der Fußboden nackt, darauf ein zusammengerollter Wasserschlauch. Brandspuren am Eingang zur Küche. Derselbe Anblick im ersten Raum: kein Buffet mehr aus der Gründerzeit mit den unersetzlichen Kuriositäten, mit den Barhockern davor, die Besucher zum Bleiben eingeladen hatten.

Was sich meinen Augen darbot, schockierte mich. Es schmerzte mich, machte mich traurig. Und ich beschloss, das wegen anderer Buchprojekte zurückgestellte Manuskript über den Zwiebelfisch nun zu veröffentlichen. Dieser Gedanke tröstete mich.

Mit einem Mal glaubte ich, Hartmut Volmerhaus gemeinsam mit Bruno, dem Koch, und Axel vor mir zu sehen, wie sie sich mit einigen Gästen unterhielten. Eine Szene voller Leben, die sich wie ein milder, versöhnlicher Schleier über die ausgebrannten Räume legte. Dabei wurden Erinnerungen an einen Sommerabend vor vielen Jahren wach ...

Aus beruflichen Gründen hatte es mich 1976 nach Berlin verschlagen, in eine Stadt, deren Offenheit und Vielfalt der Menschen, insbesondere ihr kultureller Reichtum mich sofort gefangen nahmen. Davon unberührt blieb meine Sehnsucht nach meinem Dorf im süddeutschen Hohenlohe, in dem ich meine Kindheit und Jugend verbracht hatte. Ich schrieb darüber ein Buch* und stellte es in meiner Heimat bei Lesungen vor. Dabei lernte ich Dr. Setzer, den Leiter der Volkshochschule in Schwäbisch Hall, kennen. Ich erzählte ihm, dass dieses Buch ausschließlich in einer Berliner Kneipe, dem Zwiebelfisch, entstanden sei. Groß war sein Erstaunen darüber, dass ich an solch einem Ort überhaupt schreiben könne, und dann auch noch über eine so ganz andere, davon sehr weit entfernte dörfliche Welt. Größer noch war meine Überraschung, als er mir wenige Tage später eröffnete, er wolle mit einer Studiengruppe Berlin besuchen und einen Abend gemeinsam mit mir in diesem Lokal verbringen. Es sei doch eine reizvolle Vorstellung, an dem Ort einen Hohenloher anzutreffen, in dem er ein Buch über sein Heimatdorf geschrieben habe und – wie er von mir ebenfalls wisse – inzwischen auch über diesen selbst schreibe. Gerne wolle er dort eine Lesung aus meinen neuen Arbeiten zusammen mit der Studiengruppe erleben.

Hartmut Volmerhaus, der meine Skizzen über seine Kneipe seit längerem kannte, zeigte sich für die Idee sofort aufgeschlossen. Mehr noch: Verfasst in sorgfältiger Handschrift, schlug er den angekündigten Besuchern trotz gewisser logistischer Probleme in der kleinen Küche mehrere schmackhafte Gerichte vor, aus denen sie auswählen konnten. Und so kam es Ende Juli 2000 zu einer Begegnung zwischen Hohenlohern und Berlinern im Zwiebelfisch, an die ich mich nun so intensiv erinnerte, als ob sie erst kurz zuvor geschehen wäre.

---

* Leben unter Scheunentoren, Hohenloher Druck- und Verlagshaus Gerabronn, 1998

Bis zum letzten Moment hatte ich an den für die unerwartete Lesung ausgewählten »Kneipenszenen« gearbeitet. Reichlich nervös war ich, keineswegs davon überzeugt, dass sie bereits vortragsreif waren. Doch schon an der weit geöffneten Tür hörte ich die mir vertraute, geliebte Mundart der inzwischen eingetroffenen Studiengruppe, mir wurde warm ums Herz und jegliche Nervosität war verflogen.

Der Hausherr begrüßte die »Gäste aus dem fernen Hohenlohe« mit wohlgesetzten Worten. Bruno, der Koch, der in seiner kleinen Küche wahre Köstlichkeiten gezaubert und persönlich serviert hatte, ließ es sich danach nicht nehmen, zu einer längeren Rede in unverwechselbarem Berlinerisch, gewürzt mit viel Sprachwitz, anzuheben. Meine Landsleute konnte sich daran kaum satthören und brachen immer wieder in schallendes Gelächter aus. Axel lehnte währenddessen am Durchgang zum Tresen und betrachtete aufmerksam die Hohenloher.

Umgeben von so viel Lebensfreude, vor mir ein Glas Wein, begann ich »wie auf Wolken« zu lesen. Anwesende im anderen Raum verließen ihre Plätze und verfolgten interessiert das für sie ungewöhnliche Geschehen.

Ich bin mir nicht mehr ganz sicher, welche Szenen ich für meine Lesung ausgewählt hatte. An eine kurze Erzählung kann ich mich jedoch noch genau erinnern. Nach meiner Lesung kam eine Frau auf mich zu und meinte, die Geschichte über den Mann, der unentwegt Rotwein trinke, habe sie sehr bewegt. Das Wichtigste für sie sei aber, dass ich mit meiner Beschreibung, meiner Sprache dem Mann trotz seiner unverkennbaren Probleme mit Alkohol in keiner Weise seine Würde genommen habe. Erfreut über ihre Worte, umarmte ich die Frau. Die Stunden, die Hohenloher und Berliner mit Köstlichkeiten aus der Küche und unterhaltsamen, interessanten Gesprächen miteinander verbracht hatten, empfand ich als ein großes Geschenk.

Als ich nun 20 Jahre später vor dem Zwiebelfisch stand, waren meine Erinnerungen an jenen Sommerabend zurückgekehrt. Wie an so viele andere Erlebnisse in dieser »Kultkneipe«, die für mich mit der Zeit zu einem zweiten Zuhause geworden war. Ein paar

Minuten lang hatten sie die jetzt kahlen, menschenleeren Räume mit neuem, ermutigendem Leben erfüllt.

Beim Verlassen der Brandstätte kam mir der Wappenspruch des in meiner Heimat residierenden Fürstengeschlechts zu Hohenlohe-Waldenburg in den Sinn: »Ex flammis orior – Aus Flammen wiedererstanden«. Und so geschah es dann auch: Seit dem Sommer 2021 ist der Zwiebelfisch wieder geöffnet.

DANK

Mein besonderer Dank gilt Prof. Jürgen Marten. Er hat mich ermutigt, die Arbeiten an dem Buch zum Abschluss zu bringen.

Danken möchte ich außerdem Bärbel Minx und Carsten Sieber, die auf vielfältige Weise zum Gelingen des Werkes beigetragen haben.

ZUM AUTOR

 Hans Dieter Eheim wurde 1940 in Öhringen geboren. Seine Kindheit und Jugend verbrachte er in Windischenbach, einem Dorf in Süddeutschland. Nach dem Abitur studierte er Psychologie in Tübingen. Von 1968 bis 2003 war er in der Bildungsforschung tätig. Seit 1976 lebt er in Berlin.

Nach zahlreichen Veröffentlichungen auf seinem Fachgebiet befasst er sich in Erzählungen mit ländlichem Leben, Natur und Musik. Dabei gilt sein besonderes Interesse Menschen, denen er in den vergangenen Jahrzehnten begegnet ist.

Dazu bisher erschienen:

Leben unter Scheunentoren (1998)
Der Ginsterberg – Leben in Sant'Angelo d'Ischia (2006)
La Torre delle Ginestre (2006)
Im Abendlicht – Begegnungen auf Ischia (2020)

Weitergehende Informationen:
www.hdeheim.de